Nicolas Gerrier

ENQUÊTE À SA... LO

Sardo

Rédaction : Sarah Negrel, Cristina Spano
Conception graphique et direction artistique : Nadia Maestri
Mise en page : Veronica Paganin
Recherches iconographiques : Chiara Bonomi

Première édition : janvier 2009

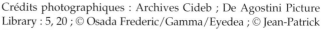

Vous trouverez sur les sites www.cideb.it et www.blackcat-
cideb.com (espace étudiants et enseignants) les liens et adresses
Internet utiles pour compléter les dossiers et les projets abordés
dans le livre.

Pour toute suggestion ou information, la rédaction peut être
contactée à l'adresse suivante :

www.cideb.it

ISBN 978-88-530-0970-8 livre + CD

Imprimé en Italie par Litoprint, Gênes

Sommaire

Le texte est intégralement enregistré.

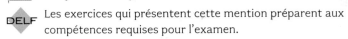 Ce symbole indique les exercices d'écoute et le numéro de la piste.

DELF   Les exercices qui présentent cette mention préparent aux compétences requises pour l'examen.

Saint-Malo

Il existe plusieurs manières de présenter une ville. Prenons Saint-Malo, par exemple. On peut...

– en parler de façon très générale : cette station balnéaire est située en Bretagne, sur la Manche, dans le département de l'Ille-et-Vilaine. Elle compte aujourd'hui environ 50 000 habitants qu'on appelle les *Malouins*.

– rappeler quelques dates de son histoire : fondée au VIe siècle par un moine Gallois (*Maclow*, *Maclou* ou *Malo*) dont elle prit le nom ; rattachée au royaume de France par Anne de Bretagne au XVe siècle ; presque entièrement détruite en 1944 par un tragique bombardement américain ; aujourd'hui, port de commerce, de trafic maritime, de plaisance, de pêche et de construction navale.

- énoncer ses devises : *Semper fidelis* (Toujours fidèle), mais aussi *Ni Français, ni Breton, Malouin suis, Malouin je reste.*
- citer des hommes célèbres qui y sont nés : en 1491, Jacques Cartier, qui découvrit le Canada ; en 1698, Pierre-Louise Maupertuis, mathématicien qui travailla, notamment, sur la forme de la Terre ; en 1768, Chateaubriand, célèbre homme politique et écrivain ; en 1773, Robert Surcouf, l'un des corsaires les plus fameux.
- évoquer ses attraits touristiques : ses remparts, son château, sa cathédrale, ses forts, ses tours, ses statues et... ses marées qui sont parmi les plus fortes d'Europe !

François-René de Chateaubriand (Saint-Malo, 1768 – Paris, 1848).

— faire la liste des événements qui s'y déroulent : les festivals littéraires *Quai des bulles* et *Étonnants voyageurs* ; les départs des courses nautiques (la *Route du rhum* et la transat *Québec-Saint-Malo*) ; les rencontres musicales comme la *Route du rock* et les *Folklores du monde*. On peut aussi imaginer une histoire qui se passe dans cette ville et y suivre les aventures de ses héros. Pour cela, arrêtons-nous sur un fait divers particulièrement intéressant : en 1995, deux plongeurs malouins découvrent deux canons près du port de Saint-Malo, au pied du rocher de la Natière. Les épaves ne sont pas rares dans la Manche. En effet, de forts courants, de grosses tempêtes et de nombreux rochers y rendent la navigation dangereuse. Mais, cette fois-ci, une aventure archéologique unique va commencer. À partir de 1999, l'endroit va devenir l'un des plus importants sites de fouilles sous-marines du monde.

Une affiche du festival littéraire *Quai des bulles*.

Deux plongeurs sur le site de fouilles sous-marines de la Natière.

Durant des heures et des heures de travail, sous la mer et sur terre, des spécialistes de toutes nationalités vont remonter de l'eau et étudier plusieurs milliers d'objets de toutes sortes : parties du bateau, vaisselle, armes, outils, ustensiles de chirurgiens, chaussures de marins... L'excellent état des deux épaves permet aux chercheurs d'apprendre énormément de détails sur la vie et sur les techniques maritimes de l'époque. En 2002, ils réussissent à identifier un premier bateau : il s'agit de *L'aimable Grenot*, un bateau corsaire qui a fait naufrage en 1749. Quatre ans plus tard, ils mettent un nom sur la deuxième épave : *La Dauphine*, un navire corsaire qui a coulé en 1704. Les personnages et les faits d'*Enquête à Saint-Malo* sont inventés, mais le site de fouilles sur lequel travaille Gaël, l'un des héros de l'histoire, existe bel et bien. Alors, si après la lecture, vous vous sentez l'âme d'un archéologue sous-marin, deux solutions : plonger dans les profondeurs de la mer ou attendre que ces trésors remontés des fonds marins soient exposés dans un musée...

Compréhension écrite

DELF **1** Lisez attentivement le dossier, puis dites si les affirmations suivantes sont vraies (V) ou fausses (F).

		V	F
1	La ville est située dans une région montagneuse.	☐	☑
2	Elle a été reconstruite après un bombardement en 1944.	☑	☐
3	Chateaubriand est un corsaire qui a découvert le Canada.	☐	☑
4	La *Route du rhum* est un festival de musique.	☐	☑
5	Les épaves de la Natière sont très mal conservées.	☐	☑
6	Il a fallu sept ans pour donner un nom aux deux épaves.	☑	☐

2 Complétez cette fiche sur Saint-Malo.

Pays : *France*
Région : *Bretagne*
Département : *Ille-et-Vilaine*
Habitants : *50 000*
Événements sportifs : *des course de voilier, plongée*
Événements culturels : *les festivals littéraires*

Production écrite

1 Réalisez une fiche identique sur votre ville.

Personnages

De gauche à droite et de haut en bas : **John Davis**, **François Roland**, **Jane**, **Hélène**, **Pierre Lemarque**, **Marco Canetti**, **Gaël**, **Loïc**, **Sophie**, **Surcouf**.

CHAPITRE 1

C'EST LA CATA !

— Tu le vois ?

Sophie et Loïc essaient désespérément d'apercevoir leur cousin sur le quai de la gare. Mais c'est le premier samedi du mois de juillet et la gare de Saint-Malo est pleine de vacanciers venus profiter des plaisirs de la mer. Les enfants courent dans tous les sens, les parents crient :

— Ne vous éloignez pas !

— Vous n'avez rien laissé dans le train ?

— Tout le monde est bien descendu ?

Gaël devrait pourtant être dans cette foule. Chaque année, au début du mois de juillet, Sophie, Loïc et Gaël se retrouvent à la gare de Saint-Malo. Loïc part d'Alsace, où il vit avec sa famille. Il passe chercher sa cousine Sophie qui habite à Paris avec ses parents et ses deux petits frères. Puis, ils prennent le train en direction de la Bretagne pour rejoindre la ville où ils ont passé leur enfance.

— Il a peut-être eu un accident en venant nous chercher, s'inquiète Sophie.

— Tu parles ! Monsieur doit être encore sous l'eau à fouiller son épave en espérant trouver les traces d'un ancêtre [1] pirate...

— Corsaire, pas pirate ! Si Gaël t'entendait...

— Quelle différence ? C'était il y a trois cents ans... Notre cousin a vraiment des occupations de vieux ! On ne dirait pas qu'il a 16 ans comme nous !

Sophie sourit et entraîne Loïc à l'extérieur de la gare. Quand son cousin réagit ainsi, ce n'est pas la peine de discuter ! Loïc espérait surtout un peu d'aide pour porter ses affaires. Quelle idée aussi d'emporter une planche de surf et deux gros sacs !

— Un bon sportif a toujours son propre matériel, répond Loïc quand Sophie le lui fait remarquer.

Les deux adolescents prennent un bus qui les dépose, quelques minutes plus tard, aux pieds des remparts de Saint-Malo. Une rafale de vent leur apporte l'odeur salée de la mer et une mouette leur souhaite la bienvenue de son cri strident. Lorsque Sophie et Loïc passent sous la porte de Dinan, qui marque l'entrée de la vieille ville, ils se sentent de nouveau chez eux : les maisons de pierre, les rues étroites, leur ancienne école, la *Pâtisserie des vagues*, la *Librairie des étonnants voyageurs*...

Quelques rues plus loin, Loïc pousse un soupir de soulagement et laisse tomber ses sacs devant une maison.

— Enfin arrivés !

Devant la porte, leur tante Hélène les accueille avec un grand

---

1. **Un ancêtre** : personne d'une même famille qui vivait avant les grands-parents.

sourire. Il y a aussi Surcouf, le chien de Gaël, qui aboie gentiment en guise de bienvenue. [1]

— Bonjour Sophie, bonjour Loïc ! Vous en avez mis du temps ! Votre train était en retard ?

— Pas du tout ! Mais Gaël n'était pas au rendez-vous et on l'a attendu, répond Loïc.

— Ah, celui-là ! Il aurait pu vous avertir qu'il ne pouvait pas venir vous chercher ! Il est vraiment très occupé en ce moment ! Entrez, je vais vous raconter ! Mais... vous avez certainement un petit creux, non ?

Sur la table de la cuisine, une montagne de crêpes et une bouteille de cidre attendent les deux cousins. Pendant qu'ils mangent de bon appétit, Hélène leur pose toutes les questions possibles sur leurs parents, leurs résultats au lycée, leurs amis, etc. Puis, elle leur raconte les dernières nouvelles de Saint-Malo. Hélène est une tante formidable, mais parfois elle est un peu trop bavarde !

— Et Gaël ? l'interrompt Loïc.

— J'allais oublier ! Gaël vous attend au château, je n'ai pas le droit d'en dire plus : il vous racontera.

— Au château ? Qu'est-ce qu'il fait là-bas ? s'étonne Loïc.

— Hier, il a remonté de l'épave un coffre magnifique. Mais chut ! C'est un secret !

Cette histoire de coffre intrigue Sophie qui propose d'aller immédiatement au château. Loïc est moins pressé que sa cousine.

— Le coffre a attendu des siècles sous l'eau, il peut bien attendre encore le temps d'une crêpe ou deux, non ? Et puis, je voulais passer au club nautique pour...

1. **En guise de bienvenue** : pour souhaiter la bienvenue.

Il s'arrête car Surcouf lui mordille la jambe et tire sur les lacets de ses baskets.

— Ok, ok, mon vieux, on y va… les crêpes refroidiront sans moi.

Loïc et Sophie traversent la ville : ils passent par la place du Pilori, la cathédrale et le marché aux poissons avant d'arriver devant le château. Sophie reconnaît la caissière du musée : c'est Nolwenn, une ancienne copine de classe.

— J'parie que tu viens voir Gaël ! Il est dans la Tour des dames, salle des corsaires. Préviens-moi s'il a réussi à ouvrir le coffre !

Surcouf semble avoir compris les explications car il s'élance dans les escaliers. Sophie et Loïc essaient de le suivre sous les regards intrigués des visiteurs. Ils traversent la cour, plusieurs salles d'exposition, puis ils arrivent finalement devant une imposante porte en bois.

— Eh bien, Surcouf, tu ferais un excellent guide ! dit Loïc.

Sophie frappe à la porte. Aucune réponse. Elle appelle :

— Gaël ! C'est nous, Sophie et Loïc.

Toujours rien. Loïc ouvre la porte. Ils font quelques pas dans la salle et découvrent Gaël, allongé sur le sol, en train de gémir. Ils se précipitent vers lui et l'aident à se relever.

— Oh, ma tête… Qu'est-ce qui s'est passé ? Sophie, Loïc… Mais… qu'est-ce que vous faites ici ?

— On t'attendait à la gare, mais toi, visiblement, tu…

— Le coffre ! Où est le coffre ???

Gaël fait le tour de la pièce comme un fou et hurle :

— On a volé le coffre ! C'est la cata !

Compréhension écrite et orale

◇ ELF **1** **Lisez attentivement le chapitre, puis cochez la bonne réponse.**

1 Sophie, Gaël et Loïc
   a ☑ sont des copains de lycée.
   b ☐ sont de la même famille.
   c ☐ ne se connaissent pas.

2 Ils ont
   a ☑ 16 ans.
   b ☐ 18 ans.
   c ☐ 20 ans.

3 Pendant les vacances, Gaël travaille
   a ☐ dans une librairie.
   b ☐ à la caisse d'un musée.
   c ☑ sur un chantier de fouilles.

4 Gaël attend Sophie et Loïc
   a ☐ à la gare.
   b ☑ dans un château.
   c ☐ au centre nautique.

5 Nolwenn est
   a ☐ la cousine de Gaël.
   b ☑ une amie de Sophie.
   c ☐ la tante de Loïc.

6 La salle des corsaires se trouve
   a ☐ sur un rempart.
   b ☑ dans un château.
   c ☐ chez Gaël.

7 Gaël hurle : « C'est la cata ! », car
   a ☐ son chien lui a mordu la jambe.
   b ☐ Sophie a mangé toutes les crêpes.
   c ☑ un coffre a disparu.

2 Écoutez attentivement l'enregistrement, puis associez chaque présentation au personnage correspondant.

A ☐   B ☐   C ☐   D ☐

Grammaire

Le gérondif

On forme le gérondif en faisant précéder le participe présent de la préposition **en**.

Infinitif : *marcher*   Participe présent : *marchant*   Gérondif : *en marchant*

On utilise un gérondif lorsque :

* le sujet de la proposition principale et celui du gérondif sont identiques ;
* l'action de la proposition principale et celle du gérondif sont simultanées.

*Il a peut-être eu un accident **en venant** nous chercher, s'inquiète Sophie.*

Le gérondif peut aussi indiquer le moyen, la cause, la condition, le but et la manière.

*Gaël fouille son épave **en espérant** trouver des traces de son ancêtre.* (but ou cause)

*Leur tante Hélène les accueille **en souriant**.* (manière)

***En suivant** Surcouf, ils arrivent dans la salle des Corsaires.* (moyen ou manière)

1 Transformez les phrases en mettant les formes verbales soulignées au gérondif.

1 Quand ils <u>sont arrivés</u> à la gare, Gaël et Sophie n'ont pas vu Loïc.

....

2 Loïc s'est fait mal au dos parce qu'il <u>a porté</u> tout seul ses sacs.

....

3 Gaël a-t-il eu un accident pendant qu'il <u>allait</u> à la gare ?

....

4 Ils arriveront à l'heure au musée s'ils <u>se dépêchent</u> un peu.

....

5 Sophie reconnaît la caissière lorsqu'elle <u>entre</u> dans le château.

....

6 Sophie et Loïc se sentent de nouveau chez eux au moment où ils <u>passent</u> la porte de Dinan.

....

2 Formez des phrases avec un gérondif.

1 Loïc — manger des crêpes — donner des nouvelles de sa famille

....

2 Surcouf — aboyer — s'élancer dans les escaliers

....

3 Sophie — traverser la cour — suivre le chien de son cousin

....

4 Loïc — découvrir Gaël allongé par terre — ouvrir la porte

....

5 Une mouette — souhaiter la bienvenue — Gaël et Sophie — crier

....

6 Loïc — poser ses sacs — arriver — chez sa tante Hélène

....

17

Enrichissez votre **vocabulaire**

1 **Cochez la bonne réponse.**

1 En ne voyant pas Gaël à la gare, Sophie est
   a ☑ inquiète.
   b ☐ rassurée.
   c ☐ contente.

2 Lorsqu'il pose enfin ses sacs devant la maison de sa tante, Loïc est
   a ☐ triste.
   b ☑ soulagé.
   c ☑ affamé.

3 La mère de Gaël parle beaucoup, elle est
   a ☐ muette.
   b ☑ bavarde.
   c ☐ méchante.

4 Surcouf aboie gentiment en guise de bienvenue, il est
   a ☐ malheureux.
   b ☑ content.
   c ☐ énervé.

5 Sophie veut vite retrouver son cousin, elle est
   a ☐ furieuse.
   b ☐ rapide.
   c ☑ pressée.

6 Quand Gaël découvre que le coffre a disparu, il est
   a ☑ désespéré.
   b ☐ heureux.
   c ☐ joyeux.

Production écrite et orale

DELF **1** Vous avez le souvenir d'une arrivée en vacances mouvementée ?
Racontez-la !

Les corsaires

Pirates ou corsaires ?

Aux XVIIe et XVIIIe siècles, leurs noms et leurs bateaux étaient connus et redoutés sur de nombreuses mers. Malheur aux ennemis qui se trouvaient sur leur chemin ! En cas de défaite, ces derniers étaient faits prisonniers, leur cargaison était pillée et ils perdaient leur navire.

De qui s'agit-il ? Des pirates ? NON ! Ne prononcez surtout pas ce mot devant leurs descendants, cela pourrait vous causer de gros ennuis ! Il s'agit bien sûr des corsaires...

Si, à première vue, pirates et corsaires avaient les mêmes occupations, il existait une différence de taille : les pirates étaient des bandits qui agissaient pour leur propre compte, alors que les corsaires n'opéraient qu'en temps de guerre et avec la permission de leur État !

La mission des corsaires

Cette autorisation, appelée *lettre de marque* ou *lettre de course*, transformait officiellement celui qui la recevait en capitaine corsaire. Ce dernier armait alors un bateau, recrutait son équipage et partait sur les mers pour de longs mois à la poursuite de l'ennemi. La vie à bord était très difficile et les marins, souvent très jeunes, ne mouraient pas qu'au combat : le manque de place et de nourriture et la mauvaise hygiène favorisaient en effet les épidémies.

Pendant longtemps, de nombreux pays ont eu recours aux corsaires pour affaiblir leurs ennemis. Il existe ainsi des corsaires anglais, hollandais, turcs, italiens, portugais... et, bien sûr, français. Les plus connus sont Surcouf, Jean Bart et Duguay-Trouin. Leurs exploits leur ont assuré fortune et célébrité. Leurs navires s'appelaient *La Confiance*, *Le Revenant*, *Le Glorieux*, *La Sorcière*... Ces derniers étaient le plus souvent petits et rapides afin de surprendre l'adversaire. Mais les

Jean Bart
(Dunkerque, 1650-1702).

Combat de *La Confiance*, commandée par Robert Surcouf, et du *Kent*.

corsaires n'hésitaient pas à attaquer de gros navires si la cargaison en valait la peine ! Les prises ramenées au port étaient partagées entre l'État, le propriétaire du bateau et l'équipage.

Saint-Malo a été l'un des ports corsaires les plus importants. D'ailleurs, on lui donne encore aujourd'hui le nom de *cité corsaire*. Mais ses marins ne naviguaient pas seulement sur la Manche : les océans Pacifique, Indien et Atlantique ainsi que la mer Méditerranée ont été le théâtre de leurs exploits guerriers.

Et aujourd'hui ?

La guerre de course n'est plus légale depuis la Déclaration de Paris, signée en 1856. Il n'existe donc théoriquement plus de corsaires aujourd'hui. Mais certaines personnes continuent d'entretenir le souvenir des capitaines corsaires, en construisant par exemple des répliques de leurs bateaux. Ou, comme leurs descendants, en se regroupant dans des associations et en reconstituant leur généalogie. Si vous voulez savoir si vous avez un ancêtre corsaire, contactez l'une d'entre elles...

Compréhension écrite

DELF **1** Lisez attentivement le dossier, puis dites si les affirmations suivantes sont vraies (V) ou fausses (F).

	V	F
1 Pirates et corsaires sont deux mots qui désignent les mêmes personnes.	☐	☑
2 La lettre de marque est une lettre d'amour écrite par un corsaire à sa bien-aimée.	☐	☑
3 La Sorcière est le nom d'une femme corsaire.	☐	☑
4 Seule la France a eu recours aux corsaires.	☐	☑
5 Les bateaux des corsaires sont souvent rapides et petits.	☑	☐
6 Les corsaires de Saint-Malo naviguaient aussi sur les océans.	☑	☐
7 La France utilise encore des équipages corsaires pour attaquer les bateaux anglais.	☐	☑
8 Aujourd'hui, plus personne ne pense aux corsaires.	☐	☑

2 Dites si les affirmations suivantes concernent un corsaire (C) ou un pirate (P).

	C	P
1 Il attaquait tous les bateaux, amis ou ennemis.	☐	☑
2 Sans lettre de marque, on pouvait le pendre.	☐	☑
3 Il gardait pour lui tout le butin qu'il volait.	☐	☑
4 Son activité a été officiellement supprimée en 1856.	☑	☐
5 Il faisait partie de l'équipage de Surcouf.	☑	☐
6 Ses descendants peuvent le retrouver grâce à une association.	☑	☐

3 Cochez les images qui vous rappellent l'histoire des corsaires.

CHAPITRE 2

CHERCHE, SURCOUF !

— C'est la cata, la cata des catas ! *catastrophe*

— Calme-toi. On va prévenir la police, dit Sophie.

— Surtout pas ! crie Gaël.

Sophie et Loïc regardent leur cousin sans comprendre. Gaël leur explique que le directeur des fouilles, François Roland, lui a confié le coffre. S'il apprend qu'il a disparu, il ne lui fera plus jamais confiance et Gaël n'aura plus le droit de travailler avec lui. La seule solution est de retrouver le coffre avant qu'on apprenne sa disparition.

— Je crois que je passerai au club nautique un peu plus tard... dit Loïc. Et si tu nous racontais tout depuis le début ?

Depuis huit ans, chaque été, d'importantes fouilles sous-marines ont lieu au large de Saint-Malo, sur le site de la Natière. Des spécialistes du monde entier étudient deux épaves de bateaux : *La Dauphine*, qui a coulé en 1704, et *L'aimable Grenot*, qui a fait naufrage en 1749. On a déjà remonté de très nombreuses pièces de vaisselle, des armes, des canons, des affaires appartenant aux marins...

— On a même trouvé le squelette d'un petit singe qui devait être la mascotte [1] de l'équipage ! s'exclame Gaël.

— Beurk, dit Sophie, beaucoup moins enthousiaste que son cousin.

— Hier, j'ai trouvé un coffre dans la cabine du capitaine. Il est incroyablement bien conservé. François et moi, nous l'avons apporté ici en début de soirée et ce matin, j'ai commencé à l'étudier.

— Tu ne l'as pas encore ouvert ? demande Sophie.

— Non, car il possède deux serrures, ce qui est très rare. François veut en savoir un peu plus avant d'annoncer la découverte.

— Tu parles d'un secret ! dit Sophie. J'ai vu Nolwenn à la billetterie du musée et elle m'a demandé des nouvelles du coffre.

— Ah, celle-là ! Elle fourre son nez partout !

— Je te signale que ta mère aussi nous en a parlé, poursuit Loïc. C'est un secret de polichinelle, votre truc !

Gaël raconte ensuite à ses cousins ce qu'il a fait dans la matinée : il a pris des photos du coffre, il a écrit ses observations sur un cahier, il a eu François Roland deux fois au téléphone et il a mangé un sandwich vers midi. Il était penché sur le coffre quand il a reçu un coup sur la tête. Il n'a pas vu son agresseur.

Sophie décide de se lancer dans l'enquête.

— On doit trouver qui peut avoir intérêt à voler le coffre.

— Beaucoup de monde, répond Gaël. Des archéologues, des collectionneurs, des passionnés d'histoire. Moi, par exemple !

---

1. **Une mascotte** : personne, animal ou objet porte-bonheur.

— On ne va quand même pas te mettre sur la liste des suspects !

— Non, mais tu sais bien qu'à chaque découverte dans *La Dauphine*, j'espère trouver des indices sur nos ancêtres.

— Tu espères encore te trouver un ancêtre pirate ? intervient Loïc.

— Corsaire, pas pirate !

— Je t'avais prévenu..., dit Sophie, en souriant.

— Je sais, je sais, les pirates étaient des voleurs et les corsaires travaillaient pour le roi. Mais à part ça...

— Tu...

— Stop ! intervient Sophie. Vous vous disputerez plus tard !

Gaël se dirige vers la table et déplie une grande feuille de papier.

— Je vous présente... notre arbre généalogique !

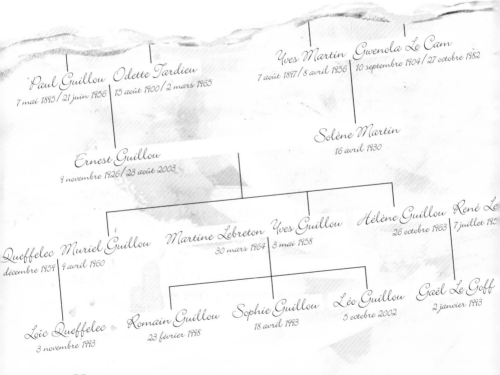

— Moi, je suis ici et vous, vous êtes là. Et voilà, nos parents, nos grands-parents...

— Tous ces gens-là sont nos ancêtres ? demande Sophie, visiblement impressionnée.

— Je ne sais pas trop à quoi ça sert, dit Loïc, mais chapeau, Gaël ! Je reconnais que c'est un sacré boulot ! Mais on s'éloigne de notre enquête...

— Pas tant que ça. J'arrive à remonter jusqu'en 1800. Le dernier ancêtre que j'ai trouvé s'appelait Chambert. Il était médecin à Saint-Malo. C'est dingue, non ? Il ne me manque pas beaucoup pour arriver jusqu'à l'époque de *La Dauphine*.

— Juste un siècle, remarque Loïc, ironique.

— Ce serait... Arrête, Surcouf, ce n'est pas le moment de jouer ! Ce serait... Surcouf, laisse ce chiffon. Laisse-le !

— Attends, dit Sophie, ce n'est pas un chiffon. Donne-le-moi, Surcouf ! On dirait un morceau de poche de pantalon.

Surcouf conduit Sophie vers le mur où il a trouvé le morceau de tissu.

— Le voleur s'est probablement accroché à ce clou. Voilà une bonne piste ! À toi de jouer, Surcouf !

Le chien renifle le morceau de tissu, puis il se met à courir hors de la salle. Il sort du château et fait trois fois le tour de la place Chateaubriand. Il se lance ensuite dans des escaliers qui montent jusqu'aux remparts. Arrivé en haut, il hésite un instant, puis prend sur la gauche. Deux cents mètres plus loin, il s'arrête devant la statue du célèbre corsaire dont il porte le nom. Ensuite, il se dirige vers la porte des Champs-Vauverts qui mène à la plage du Bon-Secours. C'est marée basse et Surcouf s'agite comme un fou en cherchant au milieu des rochers. Puis, il se couche. Il a perdu la trace. Les trois cousins le rejoignent, complètement essoufflés.

— Pas de voleur en vue, dit Loïc. Par contre, le centre nautique n'est pas loin. Ton dériveur[1] y est toujours ?

— Il est prêt à partir en mer quand tu veux ! répond Gaël.

Sophie se penche et passe la main entre deux rochers. Elle en retire un pull-over complètement trempé.

— C'est peut-être la suite de la piste ?

Surcouf renifle le pull-over. Il hésite, tourne deux fois autour des jambes de Sophie, puis se met à courir en direction des remparts.

— Nous voilà repartis !

— Tu devrais être content, dit Sophie à Loïc. Toi qui voulais des vacances sportives...

Cette fois-ci, Surcouf entre dans la ville et court jusqu'à l'*Hôtel des Marées*, sur la place des Herbes. Gaël informe ses cousins que plusieurs personnes qui travaillent sur le site de la Natière logent dans cet hôtel.

Lorsqu'ils franchissent la porte, le réceptionniste les reconnaît immédiatement.

— Les trois cousins ! C'est gentil de venir dire bonjour à un vieil ami.

— Salut, Ronan, répond Gaël. Nous aussi, on est contents de te voir. Mais aujourd'hui, on est là pour le travail... J'aurais besoin de la liste des personnes qui participent aux fouilles et dorment ici. Tu peux me la donner, s'il te plaît ?

— Pas de problème, je te sors ça tout de suite. Tu auras même droit à leur photo !

---

1. **Un dériveur** : bateau à voile.

Ronan tape sur le clavier de son ordinateur et, quelques instants plus tard, la liste sort de l'imprimante.

— Allez sur la terrasse, je vous offre une glace.

Les trois cousins sortent et s'installent autour d'une table. Soudain, une voix interpelle Gaël :

— J'espère que tu n'as pas laissé le coffre sans surveillance !

C'est François Roland, le directeur des fouilles.

— Je... non... enfin... c'est-à-dire..., bredouille Gaël.

— Pas de panique ! Tu as le droit de faire des pauses !

François s'approche de la table.

— Ça me fait plaisir de vous voir, Sophie et Loïc. J'imagine que Gaël vous a parlé de sa découverte...

Les deux cousins font semblant de ne pas comprendre.

— Pas la peine de jouer les innocents, je devine à vos têtes que vous me cachez quelque chose ! Gaël vous a montré le coffre alors que je lui avais dit : « Secret absolu ! », c'est ça ? Mais je le comprends, ce coffre est l'une de nos plus belles pièces. Ah, au fait, Gaël, je dois partir à Rennes pour deux jours... un voyage imprévu. J'espère que d'ici là tu arriveras à faire parler ce coffre ! Bon, il faut que j'y aille... Bonne glace, les jeunes !

Lorsque François est suffisamment loin, Gaël retrouve le sourire.

— Bon, cela nous laisse deux jours pour retrouver le coffre.

Compréhension écrite et orale

1 Écoutez attentivement l'enregistrement du chapitre, puis répondez aux questions.

1 Pourquoi Gaël est-il furieux ?

2 Que sont *La Dauphine* et *L'aimable Grenot* ?

3 D'où vient le coffre ?

4 De quel type d'arbre est-il question dans le chapitre ?

5 Pourquoi Surcouf quitte-t-il la salle des corsaires en courant ?

6 Devant quelle statue Surcouf s'arrête-t-il ?

7 Pourquoi les trois cousins entrent-ils dans l'*Hôtel des Marées* ?

8 De quoi Gaël a-t-il peur en entendant la voix de François Roland ?

2 Posez les questions en vous aidant des éléments entre parenthèses.

1 .... ?
Il a peur que François Roland ne lui fasse plus confiance.
(*appeler / police / pourquoi / Gaël*)

2 .... ?
Il a deux serrures. (*particularité / coffre / quelle*)

3 .... ?
Beaucoup de monde. (*voler / le coffre / qui / intérêt*)

4 .... ?
Un morceau de tissu. (*Surcouf / qu'est-ce que / trouver*)

5 .... ?
Sur la terrasse de l'hôtel. (*cousins / s'installer / où*)

6 .... ?
À Rennes. (*François Roland / voyage / partir / où*)

7 .... ?
La liste des personnes qui participent aux fouilles et qui dorment à l'hôtel. (*Ronan / demander / Gaël*)

Enrichissez votre **vocabulaire**

1 Retrouvez le sens des expressions suivantes.

1 Elle fourre son nez partout.
- a ☑ Elle s'occupe de ce qui ne la regarde pas.
- b ☐ Elle sent bon.
- c ☐ Elle a le nez bouché.

2 C'est un secret de polichinelle.
- a ☐ Personne ne le sait.
- b ☑ Tout le monde est au courant.
- c ☐ C'est un secret bien gardé.

3 À toi de jouer, Surcouf !
- a ☑ C'est à toi d'agir !
- b ☐ Attrape la balle !
- c ☐ Assis !

4 C'est un sacré boulot.
- a ☐ C'est rapide et facile à faire.
- b ☐ Ce travail est infaisable.
- c ☑ Ça demande beaucoup de travail.

5 Il lui donne un coup de main.
- a ☐ Il le frappe au visage.
- b ☑ Il l'aide.
- c ☐ Il lui dit bonjour.

6 Nous sommes près du but.
- a ☑ Nous avons presque trouvé la solution.
- b ☐ Nous sommes perdus.
- c ☐ Nous avons marqué un but.

7 Ils sont certainement dans le coup.
- a ☐ Ils n'ont rien avoir avec ça.
- b ☐ Ils ont gagné de l'argent.
- c ☑ Ils y participent.

8 Chapeau, Gaël !

a ☑ Bravo, Gaël !

b ☐ Tu plaisantes, Gaël !

c ☐ Tu mens, Gaël !

9 C'est dingue, non ?

a ☐ C'est vrai, non ?

b ☑ C'est incroyable, non ?

c ☐ C'est triste, non ?

2 **Complétez le texte à l'aide des mots proposés.**

1 murs	plages	toits
2 phénomène	cinéma	feu
3 Lune	galaxie	Terre
4 plus	pas	pire
5 historique	géographique	biologique
6 large	bas	haut
7 taille	durée	grosseur
8 voiture	cuillère	échelle

Chaque jour, l'eau de la Manche couvre et découvre les **(1)** .... de Saint-Malo. Cela n'a rien d'exceptionnel et on assiste au même **(2)** .... sur presque toutes les plages du monde. On appelle cela la marée. Elle est due à l'attraction de la Lune et du Soleil sur la **(3)** .... Avec celles du Mont-Saint-Michel, les marées de Saint-Malo sont les **(4)** .... importantes d'Europe, à cause de la position **(5)** .... de la ville. La différence de hauteur entre le niveau le plus bas et le niveau le plus **(6)** .... peut atteindre treize mètres ! Les marées les plus fortes ont lieu aux équinoxes, c'est-à-dire lorsque la **(7)** .... du jour est égale à la durée de la nuit (au mois de mars et de septembre). On note l'importance des marées sur une **(8)** .... allant de 20 à 120.

3 Associez chaque mot à l'image correspondante.

a un singe   c une poche   e des clous

b de la vaisselle   d une serrure   f un rocher

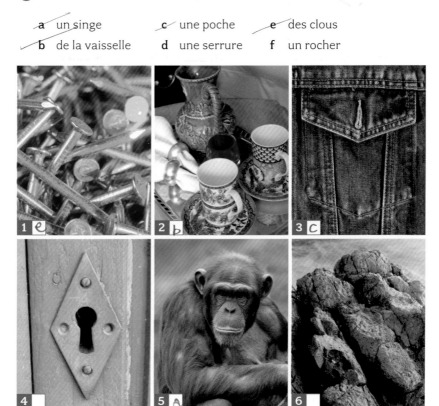

Production écrite et orale

1 Résumez oralement les événements du chapitre 2.

DELF **2** Décrivez un parcours dans les rues de votre ville en vous inspirant de celui des trois cousins dans Saint-Malo.

PROJET **INTERNET**

L'archéologie sous-marine

Rendez-vous sur le site www.blackcat-cideb.com.

Cliquez ensuite sur l'onglet *Students*, puis sur la catégorie *Lire et s'entraîner*. Choisissez enfin votre niveau et le titre du livre pour accéder aux liens du projet Internet.

A Cliquez sur la rubrique « Les découvreurs », puis répondez aux questions.

> ▶ À Rome, qu'étaient les *urinatores* ?
> ▶ Quelle est la différence entre un scaphandre rigide et un scaphandre autonome ?
> ▶ Quand le scaphandre Cousteau-Gagnan a-t-il été mis au point ?

B Cliquez sur la rubrique « Les techniques », puis répondez aux questions.

> ▶ Que sont le *Remora*, la *Cyana* et le *Nautile* ?
> ▶ Quelles sont les techniques utilisées en archéologie sous-marine ?

C Cliquez sur la rubrique « La grotte Cosquer », puis répondez aux questions.

> ▶ Où se trouve-t-elle ?
> ▶ Pourquoi intéresse-t-elle les chercheurs ?

D Vous voulez contacter des organismes s'occupant d'archéologie sous-marine.

> ▶ Dans quelle rubrique du site cherchez-vous ?
> ▶ Quels sont les quatre types d'acteurs de la recherche ?
> ▶ Qu'est-ce que le GRAN ?

CHAPITRE 3

LEQUEL DES TROIS ?

Le lendemain matin, Sophie, Gaël et Loïc regardent encore  une fois la liste des trois personnes installées à l'*Hôtel des Marées*.

Nom : John Davis
Âge : 45 ans
Nationalité : anglaise
Profession : historien
Chambre : 11

Nom : Marco Canetti
Âge : 38 ans
Nationalité : italienne
Profession : archéologue
Chambre : 13

Nom : Pierre Lemarque
Âge : 28 ans
Nationalité : française
Profession : plongeur
Chambre : 15

— Tu crois vraiment que le voleur est parmi eux ? demande Loïc.

— Ça paraît incroyable, mais Surcouf nous a amenés à leur hôtel. Je connais bien John, il vient chaque année. Les deux autres sont nouveaux. Après le petit-déjeuner, j'irai sur le site des fouilles pour leur poser quelques questions. Discrètement, bien sûr.

— Et nous ? demande Sophie.

— Retournez à l'*Hôtel des Marées* et essayez d'en savoir un peu plus sur eux.

Les trois cousins descendent dans la cuisine. Hélène est en train de couper un far breton.

— J'ai pensé qu'un gâteau vous ferait plaisir. Mais, dites-moi, vous êtes bien matinaux pour des vacanciers...

— Pas de grasse matinée [1] pendant que Gaël travaille ! répond Loïc.

— Et le coffre, alors ? demande Hélène.

— Maman, je t'ai déjà dit que c'était un secret !

Gaël boit rapidement son chocolat au lait, puis il se lève.

— À plus tard, je vous téléphone quand j'ai du nouveau. Salut, m'man.

— Tu ne veux pas prendre un bout de gâteau ? lui demande-t-elle.

Mais Gaël est déjà dehors.

Une demi-heure plus tard, quand Sophie, Loïc et Surcouf arrivent à l'*Hôtel des Marées*, le réceptionniste est de mauvaise humeur.

— Si vous êtes venus pour vous faire offrir une glace, c'est raté.

---

1. **Faire la grasse matinée** : dormir très tard.

La femme de ménage vient de m'annoncer qu'elle est malade et qu'elle ne viendra pas aujourd'hui. Je me retrouve tout seul avec les chambres à faire...

Sophie réagit tout de suite.

— Nous arrivons au bon moment, alors. Que diriez-vous d'un coup de main ?

Loïc jette un regard noir à sa cousine, mais sa proposition a déjà été acceptée.

— C'est vraiment gentil de votre part. Cinq clients sont déjà partis, je vous laisse choisir vos clés.

Sophie attrape les clés des chambres 11, 13 et 15.

— On va se débrouiller avec ça.

Marco Canetti doit aimer l'ordre car sa chambre est parfaitement bien rangée. « Pour le ménage, ça va être rapide » pense Sophie. Loïc fouille dans les placards et les tiroirs. Il essaie de ne rien déranger. Il soulève une pile de tee-shirts et trouve quatre passeports avec la même photo : « Marco Canetti, Alessandro Rivola, Enzo Boratti et Umberto Piola. Étrange pour un archéologue... »

La chambre du Français, Pierre Lemarque, est nettement moins bien rangée. Le sol est recouvert de vêtements, de prospectus avec les horaires des ferries au départ de Saint-Malo, de catalogues de voitures de luxe et de feuilles du journal *Ouest-France*. Sophie prend la page des petites annonces : « On y trouve souvent des choses intéressantes. » pense-t-elle.

La table de la chambre de John Davis est encombrée¹ de livres d'histoire sur les guerres maritimes du XVIIIe siècle et sur les corsaires. Dans un grand cahier, l'Anglais a fait de nombreux

---

1. **Encombré** : ici, rempli de.

dessins au crayon à papier. Celui d'un coffre à deux serrures attire l'attention de Sophie. Elle le recopie sur la page des petites annonces qu'elle a prise. Loïc, lui, trouve la carte d'une crêperie au fond d'un tiroir.

Crêperie de la mer

Mar.-Dim. : 11h / minuit
Fermé le lundi
3, rue Chateaubriand,
Saint-Malo
Tél. : 02 22 35 69 84
www.creperiemer.fr

J. Sidva

Il est presque l'heure de déjeuner et les deux cousins décident d'aller y faire un tour. À la crêperie, Sophie commande une soubise, une galette avec beaucoup d'oignons, et Loïc une complète, avec du jambon, des œufs et du fromage. Sous la table, Surcouf se tient tranquille. Cependant, lorsque la serveuse apporte les galettes, il se met à grogner.

— Tais-toi, Surcouf ! Je suis désolé, mademoiselle, dit Loïc, il est encore un peu jeune et...

— Avec un nom pareil, ça ne m'étonne pas !

« Étrange réaction » pense Sophie.

« Plutôt mignonne » pense Loïc.

— Tu as remarqué ? demande Sophie.

— Ses yeux bleus ? Magnifiques !

— Non, son accent. Elle doit être anglaise. Et tu as vu son short ?

— Ah, oui, il lui va très bien.

— Idiot ! La poche arrière est déchirée...

— J'essaierai de mieux regarder quand elle reviendra à notre table.

À la fin du repas, c'est malheureusement le patron qui leur apporte l'addition.

— Deux galettes et deux boissons : dix-sept euros cinquante, s'il vous plaît.

— C'est moi qui t'invite, dit fièrement Loïc en tendant un billet de vingt euros au patron. Excusez-moi, votre serveuse est partie ?

— Oui, elle ne se sentait pas bien et je lui ai dit de rentrer chez elle. Il n'y a pas beaucoup de monde ce midi, je peux m'en sortir tout seul.

Une fois dans la rue, Loïc dit à sa cousine :

— Je trouve ça étrange... La serveuse avait l'air en forme tout à l'heure.

— Je crois plutôt qu'elle a eu peur que Surcouf ne la morde. À mon avis, elle est mêlée [1] à la disparition du coffre.

— Tu crois ? Mais pourquoi s'intéresserait-elle à ce vieux truc ? J'ai une idée : je vais essayer de la retrouver pour en savoir plus. Rendez-vous chez Gaël en fin d'après-midi. Salut !

---

1. **Être mêlé à quelque chose** : prendre part à quelque chose, être impliqué.

Compréhension écrite et orale

DELF **1** Écoutez attentivement l'enregistrement du chapitre, dites si les affirmations suivantes sont vraies (V) ou fausses (F), puis corrigez celles qui sont fausses.

		V	F
1	Un Anglais, un Italien et un Allemand logent à l'*Hôtel des Marées*. .... Français		✓
2	Les trois cousins se lèvent très tard ce jour-là. .... en avance		✓
3	Loïc et Sophie font le ménage dans les chambres de l'hôtel.	✓	
4	Ils trouvent la carte d'une crêperie dans la chambre de John Davis.	✓	
5	La serveuse de la crêperie ne plaît pas du tout à Loïc.	✓	✓
6	Le bas du pantalon de la serveuse est déchiré.	✓	
7	Sophie invite Loïc à déjeuner.	✓	✓
8	Sophie et Loïc partent rejoindre Gaël à la plage.	✓	✓

2 Lisez attentivement le chapitre, puis répondez aux questions.

1 Pourquoi le réceptionniste de l'*Hôtel des Marées* est-il en colère ?

2 Pourquoi Sophie prend-elle les clés des chambres 11, 13 et 15 ?

3 Qu'est-ce que Loïc trouve étrange dans la chambre de Marco Canetti ?

4 Qu'est-ce qui attire l'attention de Sophie dans la chambre de l'Anglais ?

Enrichissez votre **vocabulaire**

1 Placez les mots proposés sur l'arbre généalogique.

le cousin   le père   la sœur   le grand-père   la tante
la cousine   l'oncle   la mère   la grand-mère

grand-père   grand-mère

père   mère   oncle   tante

sœur   MOI   cousine   cousin

2 Associez chaque expression à sa signification.

1 *e* Être blanc comme neige.
2 *f* Avoir la main verte.
3 *h* Lancer un regard noir.
4 *g* Être un cordon bleu.
5 *a* Donner le feu vert.
6 *c* Voir la vie en rose.
7 *d* Rire jaune.
8 *b* Être marron.

a Donner son accord.
b Être optimiste.
c Être trompé.
d Rire en se forçant.
e Être innocent.
f Savoir s'occuper des plantes.
g Bien cuisiner.
h Regarder méchamment.

3 Complétez le dialogue entre les deux cousins et la serveuse.

1 caillou	coffre	(œuf)
2 (jambon)	chien	corsaire
3 tarte	(galette)	salade
4 (vais prendre)	vais acheter	vais payer
5 à chercher	(à boire)	à voir
6 (vous apporte tout ça)	vous jette tout ça	m'en vais tout de suite

— Vous avez choisi ?

— Il y a un (**1**) .... dans la galette complète ?

— Bien sûr ! Avec du (**2**) .... et du fromage.

— Alors, une (**3**) .... complète. Et toi, Sophie ?

— Je (**4**) .... une soubise, avec beaucoup d'oignons.

— Et (**5**) .... ?

— Une bolée de cidre pour chacun.

— Parfait. Je (**6**) ....

4 Complétez le texte avec les mots proposés.

> sentiments   œuvre   basse   écrite   îles   tombe   écrivains
> mort   événements   vie   reposer   volonté

Il existe plusieurs (**1**) .... au large de Saint-Malo auxquelles on ne peut accéder qu'à pied et à marée (**2**) .... Sur l'une d'entre elles, appelée le *Grand-Bé*, se trouve la (**3**) .... d'un célèbre écrivain français : François-René de Chateaubriand. Né à Saint-Malo en 1768 et mort à Paris en 1848, c'est l'un des grands (**4**) .... du romantisme. Son (**5**) .... la plus connue s'intitule *Mémoires d'outre-tombe*. Il l'a (**6**) .... de 1809 à 1841 et elle fut publiée après sa (**7**) .... Chateaubriand y raconte ses souvenirs de grands (**8**) ...., mais surtout, ses (**9**) .... personnels et ses réflexions sur la (**10**) .... À côté de sa tombe, on peut lire sur une plaque : « Un grand écrivain français a voulu (**11**) .... ici pour n'y entendre que la mer et le vent. Passant, respecte sa dernière (**12**) .... »

Grammaire

Passé récent, présent progressif, futur proche

On utilise le **passé récent** pour exprimer une action qui vient de se terminer.

Formation : verbe **venir** + **de** + infinitif du verbe.

*Ma femme de ménage **vient de m'annoncer** qu'elle est malade.*

On utilise le **présent progressif** pour exprimer une action qui est en train de se dérouler.

Formation : verbe **être** + **en train de** + infinitif du verbe.

*Hélène **est en train de couper** un far breton.*

On utilise le **futur proche** pour exprimer une action qui se déroule dans un futur proche ou plus lointain (dans ce cas-là, on l'utilise surtout à l'oral) et pour exprimer des projets.

Formation : verbe **aller** + infinitif du verbe.

*Pour le ménage, ça **va être** rapide.*

1 Conjuguez les verbes entre parenthèses au passé récent, au présent progressif ou au futur proche en fonction des indications entre parenthèses.

1 Sophie et Loïc (*déjeuner*) .... à la crêperie. (*Dans une heure*)

2 Gaël (*interroger*) .... les plongeurs. (*En ce moment*)

3 Les cousins (*se réveiller*) .... (*Il y a cinq minutes*)

4 Gaël (*étudier*) .... l'archéologie après son bac. (*C'est son projet d'études*)

5 Marco Canetti (*ranger*) .... sa chambre. (*Il y a dix minutes*)

6 Surcouf (*aboyer*) .... sous la table. (*Maintenant*)

Production écrite et orale

DELF **1** Décrivez votre chambre en quelques phrases.

DELF **2** Vous déjeunez dans un restaurant. Imaginez le dialogue avec la serveuse.

La gastronomie bretonne

Les crêpes sucrées

Les crêpes font partie de la culture bretonne. En Bretagne, il existe de nombreuses crêperies où l'on peut en manger avec toutes sortes d'accompagnements. Voici une recette, simple et pas chère, pour des crêpes sucrées qui peuvent se déguster à n'importe quel moment de l'année et de la journée...

Ingrédients
(pour une vingtaine de crêpes)

6 œufs
450 g de farine
un litre de lait
une pincée de sel

Préparation (10 minutes)

Cassez les œufs (blancs et jaunes) dans un saladier. Battez-les. Ajoutez progressivement le lait et la farine. Battez le tout jusqu'à obtenir une pâte bien lisse (on peut le faire à la main, mais le batteur électrique est conseillé). Certaines personnes ajoutent de la fleur d'oranger ou de la bière dans la pâte. Mais ça, c'est selon les goûts de chacun !

Cuisson (2 à 3 minutes par crêpe)

Frottez une poêle avec un peu d'huile. Versez un peu de pâte dans la poêle. Tournez la poêle afin de répartir la pâte. Réglez la plaque sur feu vif. Lorsque la crêpe se détache facilement, tournez-la. Laissez-la cuire une à deux minutes (attention à ne pas la faire brûler !). Toutes les idées de garniture pour déguster les crêpes sont les bienvenues : du beurre, du sucre et du jus de citron, de la confiture, du chocolat fondu, du Nutella, etc.

La boisson favorite des bretons pour accompagner les crêpes est le jus de pomme ou le cidre doux. On boit ce dernier dans des bols (on ne dit d'ailleurs pas *un verre de cidre* mais *une bolée de cidre*).

Pour ceux qui préfèrent le salé, il suffit de faire la pâte avec de la farine de blé noir (sarrasin). On obtient alors les fameuses *galettes*, qui se mangent avec du jambon, des œufs, du fromage, des oignons, du beurre salé...

Le far

Le far est un gâteau traditionnel breton. Il existe sans doute autant de recettes que d'habitants ! En voici une, qui vient d'une île de Bretagne appelée Molène.

Ingrédients
(pour une dizaine de parts)

6 œufs
250 g de sucre
400 g de farine
un litre de lait

Préparation (15 minutes)

Frottez un plat allant au four avec un morceau de beurre. Les plus gourmands prennent un plat rectangulaire car ils adorent manger « les coins ». Préchauffez le four à 210 degrés (thermostat 7). Cassez les œufs et mélangez-les dans un bol. Ajoutez lentement le lait, la farine et le sucre. Battez le tout pour obtenir une pâte homogène. Versez la pâte dans le plat beurré.

On peut ajouter des pruneaux ou des raisins dans la pâte (certains bretons disent qu'il n'y en a pas dans la *vraie* recette...). Ils peuvent avoir été préalablement trempés pendant une heure dans du thé (pensez à enlever les noyaux des pruneaux). On les incorpore dans la pâte ou on les dépose au fond du plat.

Cuisson (environ une heure)

Enfournez le plat et laissez cuire pendant une heure environ. Vérifiez la cuisson au bout de trente-cinq minutes et, au besoin, baissez un peu la température. Lorsque le dessus du far est bien doré... c'est prêt !

On peut manger le far chaud ou froid. S'il reste du far à la fin du repas : gardez-le pour le lendemain. Faites-le alors réchauffer à la poêle en petits morceaux dans du beurre et du sucre, c'est délicieux !

Un autre gâteau traditionnel breton s'appelle le *kouign-amann*, ce qui veut dire *gâteau de beurre* en breton. Il porte bien son nom car il est très riche en beurre... salé !

Le *kig ar farz*

Cette recette est un plat unique à base de viande, de légumes et de far breton. *Kig ar farz* veut dire *viande* et *far* en breton.

Ingrédients
(pour 8 personnes)

600 g de palette de porc
300 g de lard fumé
300 g de viande de bœuf
un chou
2 oignons
4 carottes

2 poireaux
2 navets
6 pommes de terre
Les ingrédients pour le far
sont les mêmes que ceux
donnés dans la recette du far.

Préparation (30 minutes)

Placez la viande dans une grande casserole remplie d'eau. Commencez la cuisson à feu moyen. Découpez les légumes en gros morceaux. Préparez la pâte du far. Mettez la pâte dans un sac en toile. Fermez la toile avec de la ficelle de cuisine.

Cuisson

Après une demi-heure de cuisson de la viande, ajoutez le sac en toile et les légumes dans le faitout. Laissez cuire environ deux heures.

Servez dans des assiettes creuses en plaçant un morceau de viande, du bouillon et du far émietté. On peut recouvrir le tout d'une sauce (appelée *lipig* en Bretagne) faite de petits morceaux d'échalote fondus dans du beurre.

La Bretagne étant une région maritime, les plats à base de poissons, fruits de mer et coquillages sont également très appréciés.

Compréhension écrite

1 **Lisez attentivement le dossier, puis cochez la bonne réponse.**

1 Dans la pâte à crêpes, il y a
  a ☐ de la farine.
  b ☐ des oignons.
  c ☐ du sucre.

2 Les crêpes se cuisent
  a ☐ au four.
  b ☐ dans une poêle.
  c ☐ dans une grande casserole.

3 Les galettes sont faites avec de la farine de blé
  a ☐ blanc.
  b ☐ jaune.
  c ☐ noir.

4 Le far est
  a ☐ une soupe.
  b ☐ un gâteau.
  c ☐ un plat à base de poisson.

5 Les raisins ajoutés à la pâte du far ont trempé dans du
  a ☐ lait.
  b ☐ vin.
  c ☐ thé.

6 Le far que l'on mange avec le *kig ar farz* est cuit dans un sac
  a ☐ plastique.
  b ☐ en toile.
  c ☐ en papier.

CHAPITRE 4

RDV MINUIT GRAND JARDIN

Il est dix-huit heures trente quand les trois cousins se 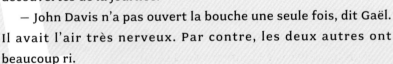 retrouvent dans la chambre de Gaël. Chacun raconte ses découvertes de la journée.

— John Davis n'a pas ouvert la bouche une seule fois, dit Gaël. Il avait l'air très nerveux. Par contre, les deux autres ont beaucoup ri.

— Marco a des faux passeports, Pierre rêve de voitures de sport et John dessine des coffres sur un cahier, raconte Sophie.

— Elle s'appelle Jane Sidva, dit Loïc. Elle est super-sympa. Elle a 18 ans et elle travaille à la crêperie tout le mois de juillet.

Sophie attend la suite, mais Loïc semble un peu absent.

— Tu n'oublies rien ?

— Quoi ?

— Ben, qu'on a trouvé son nom sur une carte de la crêperie dans la chambre de John Davis, que la poche de son short est déchirée, qu'elle est anglaise et que Surcouf a grogné quand elle s'est approchée de nous !

— Simples coïncidences... Elle n'aime peut-être pas les corsaires français.

— Tu parles ! s'écrie Gaël. Je crois qu'on est sur la bonne piste ! Vous avez remarqué que Sidva est l'anagramme de Davis ? Je parie qu'ils se connaissent tous les deux.

— Ouais, peut-être, mais je crois surtout que je lui plais, dit Loïc.

— À table !

C'est Hélène qui les appelle pour le dîner. Son mari, René, a rapporté de la pêche des fruits de mer : crevettes, moules, bigorneaux et bulots. Sophie et Gaël embrassent leur oncle qu'ils n'avaient pas encore vu. Quand ils étaient petits, ils l'appelaient *oncle lumière* à cause de son ancienne profession : gardien de phare.

Pendant le dîner, Hélène et son mari discutent, Gaël et Sophie pensent aux indices [1] qu'ils ont découverts et Loïc rêve de Jane.

— Ça y est, j'ai trouvé !

Tous les regards se tournent vers Gaël.

— Davis ! Je savais que ce nom me disait quelque chose. C'est celui du capitaine du bateau *Le Dragon* !

— Parfois, j'ai du mal à suivre les histoires de mon fils, dit René.

— Excusez-nous. Il faut absolument qu'on y aille !

Gaël se lève et entraîne ses cousins avec lui.

---

1. **Un indice** : signe qui indique quelque chose.

— Vous allez où ?

— On a un rendez-vous à un fest-noz [1] avec des amis. On risque de rentrer tard cette nuit, ne vous inquiétez pas.

— Tu veux sans doute dire tôt demain matin, le corrige Hélène.

Une fois dans la rue, Gaël s'explique :

— Vous vous souvenez que l'une des épaves est celle d'un bateau appelé *La Dauphine* ? Il s'est échoué le 11 décembre 1704 alors qu'il ramenait à Saint-Malo un bateau anglais qu'il avait capturé. Eh bien, ce navire, c'est *Le Dragon* et son capitaine s'appelait Charles Davis.

— Et alors ? demande Loïc.

— Ça fait une coïncidence de plus, répond Sophie à la place de son cousin.

— Et trop, c'est trop ! conclut Gaël. Il faut absolument qu'on parle avec John Davis. Allons à son hôtel !

Lorsqu'ils entrent dans l'*Hôtel des Marées*, les trois cousins aperçoivent Pierre et Marco. Ils sont au bar en train de boire un verre. Gaël les salue et leur demande s'ils savent où se trouve John.

Les deux hommes répondent qu'ils ne l'ont pas vu et qu'ils doivent aller se coucher car ils plongent tôt le lendemain matin.

Marco et Pierre se lèvent et montent dans leur chambre. Quelques instants plus tard, un téléphone portable sonne sur le comptoir du bar. Gaël reconnaît la sonnerie.

— L'hymne italien, il n'y a que Marco pour avoir une sonnerie pareille !

Il prend le portable, regarde l'écran et lit : « Nouveau message ».

---

1. **Un fest-noz** : fête bretonne traditionnelle.

— Et s'il avait oublié de mettre un mot de passe ? dit-il en appuyant sur plusieurs touches. Bingo !

Gaël montre le message à ses cousins.

⊠ ⇨ **JOHN DAVIS**
RDV minuit Grand Jardin

Les trois jeunes sortent rapidement de l'hôtel. Il est vingt-deux heures. Il a commencé à pleuvoir et le vent s'est levé. Ils décident de passer chez Gaël pour prendre des vêtements chauds. La nuit va être longue…

Minuit moins vingt.

— Quel vent ! dit Loïc. C'est pas un temps à mettre un marin en mer !

— Et quelle idée de se donner rendez-vous à minuit dans un jardin !

— Ça me rappelle quand on était petits, dit Sophie. On jouait souvent ici, dans le Jardin des Petits Murs.

Minuit moins dix.

— Vous voyez quelque chose ? demande Sophie.

— Non, rien. On serait mieux au fest-noz…

Minuit.

— Chut ! murmure Gaël. Plus un mot. Toi non plus, Surcouf.

Minuit dix.

— Mais qu'est-ce qu'ils font ? Ils devraient être là depuis dix minutes !

Minuit quinze.

— T'es sûr que c'est là ? demande Loïc. C'était quoi déjà le message ?

— Rendez-vous minuit Grand Jardin.

— Il est pas spécialement grand, ce jardin, remarque Sophie.

Gaël se lève d'un bond.

— Quel idiot ! Et dire que mon père était gardien de phare ! Venez, suivez-moi !

Sans comprendre, Loïc et Sophie suivent leur cousin qui les entraîne sur les remparts. Le vent et la pluie sont de plus en plus forts. Gaël pointe son index vers la mer.

— Là, la lumière dans le phare.

— Pour un phare, c'est normal, dit Loïc.

— Non, pas la balise, en dessous ! Y'a personne dans le phare, y'a pas de raison qu'il y ait de la lumière, répond Gaël.

— Et alors ?

— J'ai compris, dit Sophie. Le rendez-vous est là-bas, dans le phare du Grand Jardin !

— Faut y aller ! hurle Gaël.

— En pleine nuit, avec une mer comme ça ? demande Loïc. C'est de la folie !

— On n'a pas le choix. Moi, j'y vais. Ceux qui veulent me suivent !

Les trois cousins se précipitent au centre nautique. Gaël enlève la bâche [1] de son dériveur et distribue les gilets de sauvetage. Même Surcouf a droit au sien. Loïc hésite à partir.

— On ferait mieux de prévenir...

Mais Gaël et Sophie ne l'écoutent pas et poussent le bateau

---

1. **Une bâche** : grande toile en tissu imperméable.

jusqu'à la mer. Loïc ne veut pas abandonner ses deux cousins et monte à bord avant qu'il ne soit trop tard. Une fois sur le bateau, Gaël hisse les voiles et met le cap sur le phare, qui est à environ cinq kilomètres de la plage. « De jour, avec une mer calme, ce serait un véritable plaisir » pense Loïc. « Mais de nuit avec une mer déchaînée comme ça, c'est l'enfer ! »

Les vagues frappent violemment la coque [1] du bateau et risquent à chaque instant de le faire chavirer.

Après une demi-heure d'efforts et de lutte contre la mer, ils ne sont plus qu'à quelques mètres du phare.

— On ne réussira jamais à accoster [2], hurle Loïc, la mer est trop démontée !

— Prends la barre, répond Gaël, et approche-toi le plus près possible. Je vais sauter sur le rocher.

— Tu n'y arriveras jamais, il faut rentrer au port !

Mais Gaël n'écoute pas son cousin et rejoint l'avant du bateau. Sophie veut l'empêcher de sauter et s'accroche à sa jambe.

— Arrête, tu vas te tuer !

Soudain, une vague énorme soulève le bateau et le retourne comme une crêpe. Les trois cousins et Surcouf, jetés par-dessus bord, disparaissent dans les eaux sombres.

1. **Une coque** : partie du bateau en contact avec l'eau.
2. **Accoster** : approcher un bateau le long d'un quai.

Compréhension écrite et orale

DELF ❶ **Lisez attentivement le chapitre, puis cochez la bonne réponse.**

1 Qui dessine des coffres ?

a ☑ John Davis.

b ☐ Marco Canetti.

c ☐ On ne sait pas.

2 Quel métier exerçait le père de Gaël ?

a ☐ Pêcheur.

b ☐ On ne sait pas.

c ☑ Gardien de phare.

3 Qui était Charles Davis ?

a ☑ Le capitaine du bateau *Le Dragon*.

b ☐ Le père de John Davis.

c ☐ On ne sait pas.

4 Qui rencontrent les trois cousins au bar de l'hôtel ?

a ☐ John et Marco.

b ☑ Pierre et Marco.

c ☐ John et Pierre.

5 Que donne le SMS reçu par Marco Canetti ?

a ☑ Un rendez-vous.

b ☐ Des nouvelles de sa mère.

c ☐ On ne sait pas.

6 À quelle heure les trois cousins arrivent-ils dans le jardin ?

a ☑ 23h40.

b ☐ 23h20.

c ☐ 00h40.

7 Qu'est, en réalité, le Grand Jardin ?

a ☐ Un square.

b ☑ Un phare.

c ☐ Un hôtel.

2 Associez chaque fin de phrase à son début.

1	[d] Jane Sidva est	a	tombent à l'eau.
2	[f] Marco Canetti possède	b	le rendez-vous est dans le phare.
3	[e] René a rapporté	c	à monter dans le bateau.
4	[g] Sophie se remémore	d	anglaise.
5	[c] Loïc hésite	e	des fruits de mer.
6	[b] Gaël comprend que	f	des faux passeports.
7	[a] Les trois cousins	g	ses souvenirs d'enfance.

3 Écoutez attentivement l'enregistrement, puis associez chaque description à la photo correspondante.

A ☐   B ☐   C ☐   D ☐

Enrichissez votre **vocabulaire**

1 Remettez les lettres dans l'ordre pour trouver les mots correspondant aux définitions.

1   n. f. Masse d'eau soulevée par le vent ou les courants. (*auegv*)
...... *Vague* ....

2   n. m. Roche composée de petits grains d'origine variable. (*elasb*)
...... *sable* ....

3   n. f. Espace de terre entouré d'eau. (*leî*) ..... *île* ....

4   n. m. Animal aquatique possédant des nageoires. (*nsiposo*)
...... *possion* ....

5   loc. Nom donné à l'ensemble des crustacés comestibles. (*stufri ed rme*)
...... *fruits   de mer* ....

6   n. f. Appareil émettant des signaux pour guider les navires. (*isable*)
...... *balise* ....

7   n. f. Objet flottant. (*éebuo*) ..... *bouée* ....

8   n. m. Masse de pierres. (*hroecr*) ..... *rocher* ....

2 Le langage des SMS utilise la phonétique et les abréviations et supprime des mots pour occuper le moins de lignes possible. À votre avis, que veulent dire ces SMS ?

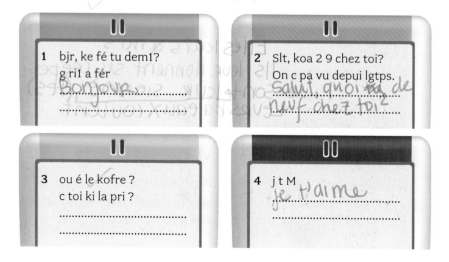

1   bjr, ke fé tu dem1?
    g ri1 a fér
    .... *Bonjour* ....
    ....

2   Slt, koa 2 9 chez toi?
    On c pa vu depuis lgtps.
    ..... *Salut, quoi de*
    ..... *neuf chez toi?* ....

3   ou é le kofre ?
    c toi ki la pri ?
    ....
    ....

4   j t M
    ..... *je t'aime* ....
    ....

Grammaire

Leur ou *leurs* ?

- **Leur**, pronom personnel complément d'objet indirect, est le pluriel de **lui**. Il est invariable.

  *Gaël **lui** raconte ses découvertes. (à Sophie)* →
  *Gaël **leur** raconte ses découvertes. (à Sophie et Loïc)*

- **Leur**, adjectif possessif, est le pluriel de **son, sa, ses**. Il s'accorde en nombre.

  *Il pleut, **ses** cheveux sont trempés. (les cheveux de Sophie)* →
  *Il pleut, **leurs** cheveux sont trempés. (les cheveux des cousins)*

- **Les leurs**, pronom possessif, est le pluriel de **le sien, la sienne**. Il s'accorde en nombre.

  *Un téléphone sonne, mais **le sien** est coupé. (le téléphone de Gaël)* →
  *Mais **les leurs** sont coupés. (les téléphones des trois cousins)*

1 Cochez la bonne réponse.

1. Hélène **a** ☑ leur **b** ☐ leurs prépare des fruits de mer.
2. Ce ne sont pas mes clés ! Ce sont **a** ☐ le leur. **b** ☑ les leurs.
3. Mes parents vivent en Bretagne. **a** ☑ Les leurs **b** ☑ Le leur aussi.
4. **a** ☑ Leur **b** ☐ Leurs père est gardien de phare.

2 Mettez les phrases au pluriel.

1. Elle a mis ses bottes. *Elles leurs ont mis.*
2. Il lui donne sa crêpe. *Ils leur donnent ses crêpes.*
3. C'est la sienne. *Ce sont leur sienne (les)*
4. Son bateau coule. *Leurs bateaux coulent*

Production écrite et orale

1 « Les trois cousins et Surcouf, jetés par-dessus bord, disparaissent dans les eaux sombres. » Que va-t-il leur arriver ? À vos stylos…

CHAPITRE 5

PRISONNIERS...

Le jour vient à peine de se lever lorsque Gaël ouvre les yeux. Il est trempé et il a froid. Il regarde autour de lui et reconnaît la pièce principale du phare du Grand Jardin. Il y est souvent venu avec son père. Que fait-il là ? Il se souvient de la traversée en bateau, de la mer déchaînée, de la vague qui les a renversés et puis... plus rien. Il essaie de se lever, mais ses pieds et ses mains sont attachés avec des cordes. À côté de lui, Sophie et Loïc retrouvent eux aussi leurs esprits.

— Qu'est-ce qui s'est passé ? demande Sophie.

— Je ne sais pas, répond Gaël. Quelqu'un nous a repêchés. C'est la bonne nouvelle.

— Mais on nous a aussi attachés comme des saucissons, réplique Loïc. Ça, c'est la mauvaise nouvelle.

— Et Surcouf ? Il est où ?

— Aucune idée.

— Chut, écoutez !

Des voix s'élèvent derrière une porte. Gaël reconnaît celles de John, Marco et Pierre.

— Au moins, on est fixés : tous nos suspects sont dans le coup !

— Qu'est-ce qu'on va faire ? demande Sophie.

Soudain, la porte s'ouvre.

— Jane, s'écrie Loïc, mais qu'est-ce que tu fais là ?

— Tu as volé le coffre ! l'accuse Sophie. Surcouf t'a reconnue.

— Où est mon chien ? crie Gaël.

Mais Jane n'a pas le temps de répondre. On la pousse à l'intérieur de la pièce. Elle aussi a les pieds et les mains attachés. John Davis apparaît à son tour. Marco et Pierre sont juste derrière lui. Ils lui donnent un grand coup dans le dos et l'Anglais tombe à terre. Sa jambe saigne et il a les pieds et les mains liés.

— Voilà une belle brochette, dit Pierre.

— Où est mon chien ? demande Gaël.

— Estimez-vous heureux d'être en vie, tous les trois. Sans nous, vous seriez à dix mètres sous l'eau en ce moment.

— C'est là que doit être ton chien, dit l'Italien. Il sert de nourriture aux poissons.

— Espèce de…

— Ça suffit ! dit Pierre. On a du boulot. Inutile de perdre du temps. Nous avons encore quelques courses à faire dans *La Dauphine*. Ensuite, on s'occupe de vous et… adieu Saint-Malo !

Ils claquent la porte et s'en vont dans un grand éclat de rire. Les cinq prisonniers essaient de défaire leurs liens. Impossible ! Les nœuds sont trop serrés. Gaël interroge les deux Anglais.

— Vous pouvez peut-être nous raconter ce que vous faites ici…

— Je suis désolé, Gaël, c'est de ma faute, répond John Davis. Ma fille et…

— Votre fille ? Mais pourquoi vous vous cachez sous deux noms différents, Davis et Sidva ? Et pourquoi ce rendez-vous avec ces escrocs [1]?

C'est Jane qui continue. Elle explique qu'ils sont les descendants de Charles Davis, le capitaine du navire *Le Dragon*.

— J'en étais sûr ! dit Gaël.

— En 1704, *Le Dragon* a été capturé par *La Dauphine*. Certains marins anglais ont échappé au naufrage et ont réussi à revenir dans leur pays. Pour expliquer la défaite de leur navire, ils ont fait courir le bruit que le capitaine était un traître [2] et qu'il avait vendu son bateau et ses hommes aux Français. Davis transportait avec lui un collier de la famille royale que personne n'a jamais revu. Notre famille essaie de rétablir la vérité depuis presque trois cents ans. Le coffre que tu as trouvé lui appartenait.

— Comment le sais-tu ?

— Mon père était là quand tu as remonté le coffre de l'épave. Le blason [3] de notre famille est gravé dessus. On pense qu'il contient des documents qui peuvent sauver l'honneur de notre ancêtre. Nous espérons aussi trouver le collier.

— C'est toi qui m'as assommé et qui as volé le coffre ?

— Non ! Mon père m'avait demandé de te surveiller. J'étais cachée lorsque Marco t'a assommé.

— Merci pour ton aide !

— Tu étais juste évanoui. J'ai suivi Marco jusqu'à la plage. Il a pris une barque en direction du phare pour y cacher le coffre.

---

1. **Un escroc** : personne malhonnête.
2. **Un traître** : personne qui en trompe une autre.
3. **Un blason** : dessin qui symbolise une ville ou une famille.

— C'est à ce moment-là qu'il a dû perdre le pull qui a permis à Surcouf de retrouver sa trace, intervient Sophie. Mais pourquoi vous n'avez pas prévenu la police ?

Cette fois, c'est le père de Jane qui répond.

— J'ai cherché ce coffre toute ma vie ! Alors, j'ai proposé à ces espèces de bandits de l'acheter. C'est pour ça que nous avions rendez-vous ici. Mais ils ont pris notre argent et ont gardé le coffre.

— Chut ! dit Gaël. Vous avez entendu ? On gratte à la porte.

— Oui, on dirait des gémissements, répond Sophie.

— C'est Surcouf ! hurle Gaël.

Le chien aboie et essaie d'ouvrir la porte avec ses pattes.

— Il n'y arrivera jamais, dit Jane.

— Tu oublies qu'il porte le nom d'un très célèbre corsaire français, répond Gaël.

Quelques instants plus tard, Surcouf réussit à ouvrir la porte. Il saute sur Gaël et lui lèche le visage. Il est trempé, mais bien vivant ! Il mord ensuite les liens de Gaël et des autres prisonniers, mais lorsqu'il aperçoit Jane, il se met à grogner.

— Elle est avec nous, dit Loïc.

— J'attends de voir le contenu du coffre pour en être sûr, réplique Gaël.

— Tu nous crois pas ?

— Je ne sais pas encore. Moi aussi, j'espère que ce coffre contient des indications sur mes ancêtres.

— Maintenant, ils vont se disputer pour des papiers vieux de trois siècles ! soupire Loïc.

John Davis intervient et demande à chacun de garder son calme. Il essaie de se lever, mais sa jambe le fait souffrir et, après seulement deux pas, il s'écroule sur le sol. Jane se précipite vers lui.

— Ça va aller, la rassure John, ce n'est pas grand-chose. Le plus grave, c'est que je ne pourrai jamais rattraper Marco et Pierre.

— On va s'en occuper, dit Gaël. Il faut les retrouver avant qu'ils ne quittent Saint-Malo. Ils ont dit qu'ils passeraient à l'épave, ils doivent encore y être. Je vais nager jusque là-bas pour essayer de les retenir. Pendant ce temps-là, appelez les secours !

— Comment ?

— Dans la salle de contrôle, vous devriez trouver une radio. Il y a une trousse de secours aussi.

— Et toi ? Comment est-ce que tu vas aller jusqu'à l'épave ?

— Quand il était gardien de phare, mon père avait installé un placard avec du matériel de plongée. Il est vérifié à chaque visite du phare. Je vais certainement y trouver une combinaison à ma taille.

— Je viens avec toi, dit Jane.

— Non, c'est trop dangereux.

— C'est une excellente plongeuse, dit son père. Et quand elle a décidé quelque chose...

— Dans ce cas-là, ne perdons pas de temps ! Il faut faire vite !

Compréhension écrite et orale

DELF ① Écoutez attentivement l'enregistrement du chapitre, puis cochez la bonne réponse.

1 Lorsque Gaël **a** ☑ se réveille **b** ☐ s'endort, ses vêtements sont **c** ☑ trempés **d** ☐ secs et il a **e** ☐ chaud. **f** ☑ froid.

2 Les trois **a** ☑ cousins **b** ☐ frères ont les **c** ☑ pieds **d** ☐ visages et les **e** ☐ bras **f** ☑ mains **g** ☐ libres. **h** ☑ attachés.

3 Jane et John **a** ☐ Canetti **b** ☑ Davis **c** ☐ sont **d** ☑ ne sont pas des complices de l'Italien et du Français.

4 Le **a** ☐ médecin **b** ☑ capitaine du bateau *Le Dragon* est un **c** ☑ ancêtre **d** ☐ ami de John Davis.

5 Marco a **a** ☐ emmené **b** ☑ assommé Gaël dans la salle des Corsaires et a volé le **c** ☑ coffre. **d** ☐ collier.

6 Surcouf réussit à mordre les **a** ☐ os **b** ☑ liens des prisonniers et à les **c** ☑ délivrer. **d** ☐ attacher.

7 Jane est une **a** ☑ excellente **b** ☐ mauvaise **c** ☐ sauteuse **d** ☑ plongeuse sous-marine.

8 Lorsque Gaël **a** ☑ ouvre **b** ☐ ferme la porte, Marco et Pierre sont **c** ☐ là. **d** ☑ partis.

② Dites quel(s) personnage(s) du chapitre se cache(nt) derrière chaque affirmation.

1 Ils ont été repêchés dans la mer.
les cousins

2 Il voulait acheter le coffre.
john (et jane) davis

3 Ils pillent les épaves.
Marco et Pierre

4 On leur a attaché les mains.

bael, Loïc, Sophie, John et Jane.

5 Il est blessé.

John est blessé.

6 Il grogne en apercevant Jane.

Sircouf

7 Il était gardien de phare.

le pere du bael

8 Surcouf a trouvé son pull sur la plage.

Marco

Enrichissez votre **vocabulaire**

1 Trouvez le nom de chaque nœud en vous aidant des indices entre parenthèses, puis remplissez la grille de mots croisés.

Horizontalement

4 Nœud en (*quatre fois deux*).

5 Nœud de (*elle donne du lait*).

6 Nœud de (*matériau de certains bateaux*).

Verticalement

1 Nœud de (*il attrape des poissons*).

2 Nœud de (*animal aux grandes oreilles*).

3 Nœud de (*un fauteuil sans bras*).

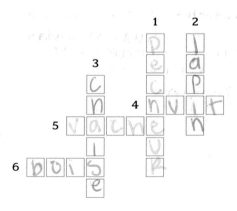

2 Associez chaque mot à sa définition.

a un boulot   e un placard

b une corde   f une indication

c un collier   g des nœuds

d la défaite   h un pull

1 [e] On y range ses affaires.

2 [b] Avec elle, on peut attacher des prisonniers, mais aussi sauter.

3 [a] C'est un travail.

4 [g] Un bon marin en connaît beaucoup.

5 [d] Elle revient au perdant.

6 [f] Elle permet de trouver son chemin.

7 [c] On le porte autour du cou.

8 [h] On en met un quand on a froid.

Grammaire

L'accord du participe passé

Le participe passé d'un verbe conjugué avec l'auxiliaire **être** s'accorde en genre (masculin/féminin) et en nombre (singulier/pluriel) avec son sujet.

Loïc et Gaël sont trempés, Sophie est trempée elle aussi.

Le participe passé d'un verbe conjugué avec l'auxiliaire **avoir** s'accorde en genre et en nombre avec son complément d'objet direct uniquement si celui-ci est placé devant lui dans la phrase.

Marco et Pierre ont volé beaucoup d'objets.

Les objets qu'ils ont volés sont magnifiques.

1 Choisissez la bonne terminaison du participe passé.

1 Les prisonniers sont enferm..... dans le phare.

a ☐ é   b ☐ ée   c ☑ és   d ☐ ées

2 Jane et Sophie ne sont pas n..... la même année.

a ☐ é   b ☐ ée   c ☑ ées   d ☐ és

3 Les cousins ont perd..... la trace de Surcouf.

a ☑ us   b ☐ u   c ☐ ue   d ☐ ues

4 La tenue de plongée qu'a enfil..... Jane est à sa taille.

a ☑ ée   b ☐ é   c ☐ és   d ☐ ées

2 Mettez les phrases au passé composé.

1 Ils claquent la porte et quittent la pièce dans un grand éclat de rire.

Ils ont claqués la porte et ont quittés

2 Les prisonniers essaient de défaire leurs liens. Ils les défont avec difficulté.

Ils ont essayé ...Ils les ont défonté

3 Jane tombe par terre. Ils l'attachent elle aussi.

Jane est tombée ...Ils l'ont attachés

4 Surcouf retrouve Gaël et il le libère.

a retrouvé a libéré

Production écrite et orale

1 John Davis tente d'acheter le coffre à Marco Canetti et Pierre Lemarque. Imaginez leur dialogue.

2 Pour chaque personnage écrivez une phrase décrivant son état d'esprit à la fin du chapitre 5.

Les phares

C'est sur les côtes de la Méditerranée, important lieu de commerce durant l'Antiquité, qu'apparaissent les premiers phares. Le plus célèbre d'entre eux, celui d'Alexandrie, a d'ailleurs été construit au IIIe siècle avant J.-C. ! C'est l'une des sept merveilles du monde.

Les phares font partie des paysages de la Bretagne. De toutes formes, hauteurs et couleurs, ils ont tous la même fonction : aider les bateaux à naviguer en leur signalant les zones dangereuses et l'entrée des ports. L'idée des phares est sans doute aussi vieille que celle de naviguer sur l'eau. Pendant longtemps, de simples feux allumés sur le sol ont fait l'affaire. Pour les rendre plus visibles, on les a ensuite placés au sommet de tours. L'alimentation des feux (c'est comme cela qu'on appelle la lumière émise par un phare) a suivi l'évolution

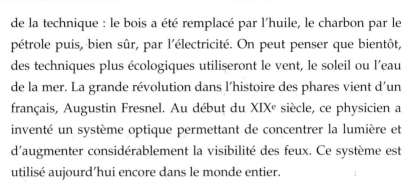

de la technique : le bois a été remplacé par l'huile, le charbon par le pétrole puis, bien sûr, par l'électricité. On peut penser que bientôt, des techniques plus écologiques utiliseront le vent, le soleil ou l'eau de la mer. La grande révolution dans l'histoire des phares vient d'un français, Augustin Fresnel. Au début du XIXe siècle, ce physicien a inventé un système optique permettant de concentrer la lumière et d'augmenter considérablement la visibilité des feux. Ce système est utilisé aujourd'hui encore dans le monde entier.

Chaque phare possède son propre langage. Il ne parle pas, bien sûr, mais ses feux ont des particularités qui permettent aux marins de les repérer : blancs ou colorés, fixes ou clignotant plus ou moins rapidement. La description de chaque signal est faite dans le livre des feux. En cas de mauvaise visibilité, une sirène peut être actionnée pour compléter les signaux lumineux.

La plupart des phares sont placés dans des endroits difficiles d'accès et dangereux. Leur construction est donc parfois un véritable exploit technique. Celle du phare d'Ar-Men en Bretagne a duré quatorze ans ! Le rocher sur lequel il est construit est souvent sous l'eau et il est toujours balayé par les vagues. Le véritable maître à bord est le gardien. Ses premiers rôles consistaient à allumer et à éteindre les feux, entretenir les appareils et surveiller la navigation. Et puis, l'utilisation de plus en plus

Le feu d'un phare.

importante des techniques modernes a modifié son travail et amélioré ses conditions de vie. Mais cela reste un métier très difficile et solitaire. D'ailleurs, les gardiens ne parlent-ils pas eux-mêmes de l'enfer (les phares isolés en mer), du purgatoire (les phares construits sur des îles) et du paradis (les phares se trouvant à terre, sur les côtes) ? Mais le plus grand danger ne vient pas forcément de la mer : depuis la seconde moitié du XXᵉ siècle, les phares sont automatisés et le métier de gardien de phare disparaît petit à petit. Les phares, quant à eux, resteront toujours les plus sûrs repères des marins !

Compréhension écrite

1 **Lisez attentivement le dossier, puis cochez la bonne réponse.**

1   À quoi servent les phares ?
  a   ☐ À plaire aux touristes.
  b   ☐ À faire joli.
  c   ☑ À guider les bateaux.

2   Pourquoi le mode d'alimentation des feux a-t-il changé ?
  a   ☑ Car les techniques ont évolué.
  b   ☐ À cause de la mode.
  c   ☐ Mystère !

3   Qui est Augustin Fresnel ?
  a   ☐ Le dernier gardien de phare.
  b   ☐ L'inventeur des phares.
  c   ☑ L'inventeur d'un système optique utilisé dans les phares.

4   Laquelle de ces activités ne concerne pas le métier de gardien de phare ?
  a   ☐ S'occuper des feux.
  b   ☑ Faire du surf.
  c   ☐ Entretenir le phare.

5 Pourquoi ce métier est-il en train de disparaître ?

- a [✓] Car les phares sont automatisés.
- b [ ] Car il n'y a plus de phares.
- c [ ] Car personne ne veut le faire.

2 Voici quelques informations sur des phares bretons.

Nom	Grand Jardin	Jument	Ar-Men	Stiff
Date de construction	1865	1904-1911	1867-1881	1699
Hauteur	24 m	47 m	33 m	32 m
Situation	Mer	Mer	Mer	Terre
Automatisé	1982	1991	1990	1993
Feux	Deux éclats rouges toutes les 10 secondes	Trois éclats rouges toutes les 15 secondes	Trois éclats blancs toutes les 20 secondes	Deux éclats rouges toutes les 20 secondes

1 Classez les phares du plus ancien au plus récent.

Stiff, Grand Jardin, Ar-Men, Jument

2 Classez les phares du plus grand au plus petit.

Jument, Ar-Men, Stiff, Grand Jardin

3 Quel phare a été automatisé en premier ?

Grand Jardin

4 Vous naviguez en mer et apercevez une lumière blanche toutes les 20 secondes. Près de quel phare êtes-vous ?

Ar-Men

5 Le phare du Grand Jardin se trouve-t-il sur la côte ?

Mer

6 Quel est l'unique phare qui n'est pas situé en mer ?

Stiff

CHAPITRE 6

SI PRÈS DU BUT !

Jane et Gaël ont enfilé les tenues de plongée. C'est marée
basse, mais la mer est toujours aussi agitée.

— Tu es certaine de vouloir venir ? demande Gaël.

— Je ne vais pas abandonner si près du but ! C'est aujourd'hui
ou jamais !

Les deux adolescents plongent dans la mer et se dirigent vers
le chenal[1] du port de Saint-Malo. C'est là que se trouve l'épave, à
un peu moins de vingt mètres de profondeur.

Pendant ce temps, dans la salle de contrôle du phare, Sophie
et Loïc essaient sans succès de faire fonctionner la radio.

— Ça ne doit pas être si compliqué que ça quand même. Essaie
encore !

— Allô ? Allô ? Vous m'entendez ? Ici, le phare du Grand Jardin,
vous m'entendez ?

---

1. **Un chenal** : passage qui donne accès à un port.

— Alors ? demande Sophie, impatiente.

— Rien…, répond Loïc, que des grésillements.

Pendant qu'ils essaient encore et encore, Gaël et Jane, eux, arrivent à proximité du site des fouilles sous-marines de la Natière. Ils remontent à la surface et aperçoivent un bateau à moteur. À son bord, Pierre attrape les objets que l'Italien sort de l'eau.

— Ils ont dû mettre des objets de côté depuis plusieurs jours. C'est un véritable pillage [1] !

— Regarde ! Marco replonge. Suivons-le !

Marco s'enfonce dans les profondeurs de l'eau. Alors qu'il va pénétrer dans l'épave, il se retourne et aperçoit Jane et Gaël à une dizaine de mètres de lui. Il pointe son fusil sous-marin vers eux, vise et tire. Jane a juste le temps de s'écarter pour éviter d'être touchée. Marco recharge, mais Gaël est déjà sur lui et lui arrache le fusil des mains. Celui-ci lui donne un violent coup de poing dans le ventre. Gaël en a la respiration coupée. Jane se jette à son tour sur Marco. Mais elle ne pèse pas lourd face à l'homme de 38 ans qui réussit à l'esquiver, à lui arracher son masque et à la repousser violemment. Sonnés, Jane et Gaël s'enfoncent dans la mer tandis que Marco remonte à la surface.

Dans le phare, Loïc appuie sur tous les boutons de la radio. Il pense qu'il n'y arrivera jamais quand soudain, une voix répond à ses appels.

— Gendarmerie maritime. Qui êtes-vous ?

— Loïc.

— Loïc, qui ?

— Loïc, le cousin de Gaël Le Goff.

— D'où appelez-vous ?

---

1. **Un pillage** : ici, vol de très nombreux objets.

— Du phare du Grand Jardin.

— Quoi ? Qu'est-ce que vous faites là-bas ?

Sophie lui arrache le combiné et hurle :

— Vite, envoyez une patrouille sur le site de la Natière ! Deux personnes sont en danger de mort. On a aussi un blessé dans le phare !

— Mais qu'est-ce que vous me racontez ?

— On vous expliquera plus tard, c'est une question de vie ou de mort !

— Ok, ok, je m'en occupe. Restez près de la radio.

Sur le site de la Natière, Marco refait surface, Pierre lui tend la main et l'aide à monter à bord du bateau.

— On file ! dit-il. Tant pis pour le reste…

Pierre met le moteur en marche et les deux complices se dirigent vers Saint-Malo. Au fond de l'eau, Jane a réussi à remettre son masque. Elle respire de nouveau correctement et Gaël a lui aussi retrouvé son souffle. Lentement mais sûrement, ils remontent à la surface.

De leur côté, après avoir alerté les secours, Sophie et Loïc sont montés en haut du phare. Ils observent la mer avec des jumelles en espérant apercevoir Jane et leur cousin.

— C'est trop loin et le temps n'est pas assez clair.

— Là-bas, la vedette ! C'est la gendarmerie !

— Gaël et Jane sont à bord. Je vois François Roland aussi.

Quelques instants plus tard, la vedette arrive au phare. Jane et Gaël ont juste le temps de se changer avant de devoir répondre aux questions de François Roland. Il est furieux !

— On a placé des barrages sur les routes, au port et à l'aéroport de Dinard, résume un gendarme. Nos équipes ont le signalement et l'identité des deux individus, mais pour l'instant, pas de nouvelles.

— Et mon père ? s'inquiète Jane.

— Sa blessure n'est pas grave. On le conduira à terre lorsque la mer sera moins agitée.

— Et maintenant ? demande Gaël.

— Il ne nous reste plus qu'à attendre.

Cette réponse ne satisfait pas le jeune homme.

— On ne va pas rester sans rien faire !

— Écoute, Gaël, dit François Roland, si tu avais prévenu la police dès la disparition du coffre, on n'en serait pas là.

Jane prend sa défense.

— Gaël a bien fait. S'il avait donné l'alerte, les deux voleurs auraient déjà disparu avec le coffre.

— C'est sans doute ce qu'ils sont en train de faire pendant qu'on se tourne les pouces, dit Loïc.

— Adieu le coffre, ajoute Sophie.

— Malheureusement, il n'y a rien à faire pour l'instant ! répète le gendarme.

Tout le monde se tait. François Roland se retourne vers John.

— Ça va ta jambe ?

— Ça ira...

— Tu penses vraiment que ce coffre est celui de ton ancêtre ?

— Oui, et je peux le prouver. Je suis le seul à pouvoir ouvrir ses deux serrures. Si tu veux, je peux même te faire un croquis.

— Inutile, dit Sophie. J'ai trouvé le dessin du coffre dans votre chambre d'hôtel et je l'ai recopié.

— Eh bien, moi qui croyais que les hôtels français étaient des endroits sûrs !

— Désolée, mais hier, vous étiez sur notre liste de suspects !

Elle tend la page du journal à François Roland.

Offres d'emploi

-Urgent. Compagnie maritime cherche 2 cuisiniers pour ferry Saint-Malo/Portmouth. Départ vendredi 8 juillet. 12h00 Tél. : 02 23 58 12 47

-Urgent. Comp
niers pour f
vendredi 15 jui

-Société de travail temporaire de Rennes recherche trois attachés commerciaux Expérience requise. Tél. : 02 99 33 78 41.

-Société de t
recherche un
périence requis

-Nous recherchons pour un de nos clients des peintres (H/F) qualifiés pour des chantier su Quimper

-Nous recherch
des attachés
antiesu

François Roland regarde le dessin, puis il demande à Sophie :

— Tu veux faire une traversée vers l'Angleterre en cuisine ?

— Non, pourquoi ?

— Parce que tu as entouré l'annonce en rouge…

— C'est pas moi. J'ai trouvé le journal dans la chambre de Pierre Lemarque.

François Roland lit l'annonce à voix haute. Tout le monde comprend aussitôt.

— Il est quelle heure ? demande Gaël.

— Midi.

— Vite, au port !

Compréhension écrite et orale

DELF ❶ Remettez les mots dans l'ordre, puis dites si les affirmations sont vraies (V) ou fausses (F).

	V	F

1 en direction / sont sur un ferry / de l'Angleterre / Pierre et Marco   ☑ V

Pierre et Marco sont sur un ferry en direction de l'Angleterre.

2 a entouré / qui l'intéressait / une annonce / Sophie   ☑ F

Sophie a entouré une annonce qui l'intéressait.

3 à la radio / est fermée et / personne ne répond / la gendarmerie   ☑ F

à la radio, la gendarmerie est fermée et personne ne répond

4 la radio / de faire fonctionner / essaient / Sophie et Loïc   ☑ V

Sophie et Loïc essaient de faire fonctionner la radio

5 vers l'épave / suivent / qui plonge / Marco / Jane et Loïc   ☑ V

Jane et Loïc suivent Marco qui plonge vers l'épave

6 et se dirigent / vers le chenal du port / plongent dans la mer / Jane et Gaël   ☑ F

Jane et Gaël plongent dans la mer et se dirigent vers le chenal du port.

❷ Écoutez attentivement l'enregistrement, puis dites quelles sont les différences par rapport au texte du chapitre.

1 ....

2 ....

3 ....

4 ....

5 ....

6 ....

7 ....

Grammaire

L'hypothèse

Le plus simple pour exprimer une condition est d'introduire celle-ci à l'aide de la conjonction **si**.

Si les gendarmes veulent arrêter les voleurs, ils doivent aller sur le ferry.

Suivant le type d'hypothèse (plus ou moins réalisable), on conjugue les verbes des deux propositions à des temps différents. Voici quelques exemples.

- L'hypothèse est réalisable dans le présent ou le futur.

  Si + présent   présent

  *Si Gaël **veut** respirer sous l'eau, il **doit** prendre une bouteille d'oxygène.*

  Si + présent   futur

  *Si Surcouf **tombe** à l'eau, il **se mouillera**.*

  Si + présent   impératif

  *Si vous **voyez** les voleurs, **attrapez-les** !*

- L'hypothèse s'est réalisée dans le passé et a une conséquence dans le présent.

  Si + passé composé   présent

  *Si la flèche **a touché** Jane, elle **est** en danger.*

- L'hypothèse n'est pas réalisée dans le présent et a des conséquences dans le présent ou le futur.

  Si + imparfait   conditionnel présent

  *Si Loïc **savait** allumer la radio, il **appellerait** la gendarmerie.*

- L'hypothèse ne s'est pas réalisée dans le passé et a des conséquences dans le présent.

  Si + plus-que-parfait   conditionnel présent

  *Si tu **avais prévenu** la police, on n'en **serait** pas là.*

- L'hypothèse ne s'est pas réalisée dans le passé et a eu des conséquences dans le passé.

  Si + plus-que-parfait   conditionnel passé

  *Si Gaël **avait caché** le coffre, les voleurs **ne l'auraient pas trouvé**.*

1 Conjuguez les verbes entre parenthèses en respectant la concordance des temps.

1 Si Sophie appuyait sur le bon bouton, la radio (*fonctionner*)
.......*fonctionnerait*..........

2 Si Gaël (*rester*) ......*reste*........ au fond de l'eau, il va se noyer.

3 Si Loïc avait du temps, il (*faire*) ......*ferait*......... du surf.

4 Si Jane avait été plus forte que Marco, elle (*gagner*) *gagnerait*
le combat.

5 Si Sophie avait lu la petite annonce, elle (*savoir*) .....*saurait*.........
maintenant où sont les voleurs.

6 « Si nous voulons arrêter Marco et Pierre, (*se dépêcher*)
...~~sied~~... *nous dépêchons* »

2 Complétez les phrases librement.

1 Si j'avais trente ans, ...

2 Si j'habitais au pôle Nord, ...

3 Si je gagne au loto, ...

4 Si tu m'avais accompagné, ...

Enrichissez votre **vocabulaire**

1 Trouvez l'intrus dans chaque liste de mots, puis dites pourquoi.

1 masque, bouteille d'oxygène, casquette, palmes, fusil sous-marin.
....

2 bateau, barque, surf, vélo, planche à voile.
....

3 calme, agitée, impatiente, déchaînée, d'huile.
....

4 suspect, innocent, plongeur, coupable, prisonnier.
....

2 Complétez ces mots utilisés dans le chapitre.

t _ _ u _ de _ l _ _ _ é _   f _ _ _ l sous- _ a _ i _   _ a _ q _ _

_ u _ _ l _ _ s   p _ _ _ _ _ _ a _ _ o _ _ _ s _ _ _ _ y

Production écrite et orale

DELF **1** Vous êtes le propriétaire d'une crêperie et vous cherchez un cuisinier. Rédigez une petite annonce.

DELF **2** Imaginez oralement un autre déroulement de la lutte dans l'eau entre Marco, Jane et Gaël.

CHAPITRE 7

À L'ASSAUT DU FERRY !

La Vedette de la gendarmerie vient de quitter le phare du **11** Grand Jardin et se dirige vers le port. Les trois cousins et Jane y ont pris place avec François Roland.

— Je viens d'avoir les autorités portuaires [1] à la radio, dit le gendarme. Aucun passager ne correspond aux signalements, mais ils n'ont pas encore vérifié les membres de l'équipage.

— Regardez ! crie Gaël.

Un bateau de la compagnie Brittany Ferries arrive en face d'eux. Il est immense vu de la vedette. Les trois cousins et Jane font des grands signes avec leurs bras :

— Hé, ho ! Stop ! Arrêtez-vous !

Cela ne sert à rien. La vedette fait des zigzags devant l'énorme ferry, mais elle ne peut pas s'approcher trop près. Le gendarme réussit à parler à la radio avec le capitaine. Celui-ci ne peut pas

---

1. **Les autorités portuaires** : personnes qui surveillent un port.

retourner au port, mais accepte d'arrêter le bateau le temps que les gendarmes montent à bord.

La manœuvre est difficile car les vagues peuvent projeter la vedette à tout moment contre la coque du ferry. Des marins jettent une échelle de corde. François Roland et deux gendarmes montent les premiers, puis c'est au tour de Gaël, Sophie, Jane et Loïc. Dans la cuisine du bateau, Pierre et Marco ne savent pas ce qui se passe sur le pont. Ils pensent déjà à l'argent qu'ils vont pouvoir tirer de la vente du coffre. Ils trouveront facilement un acheteur.

— À moi les plus belles voitures de sport, dit Pierre en ouvrant une bouteille de champagne.

— À moi la belle vie ! dit Marco.

Deux voix leur répondent :

— À votre santé !

Les deux complices se retournent. Ils n'ont pas le temps de faire un geste : deux gendarmes les saisissent et leur passent les menottes [1].

Trois heures plus tard, François Roland, les trois cousins, John et Jane Davis se trouvent au château de Saint-Malo, dans la salle des corsaires. Le coffre tant convoité [2] est posé sur une table devant eux. Le directeur des fouilles prend la parole.

— Comme l'ont affirmé John et Jane Davis, ce coffre porte le blason de leur famille. Il appartenait probablement à Charles Davis, leur ancêtre. Les corsaires français, lorsqu'ils ont capturé *Le Dragon*, ont dû transporter le coffre sur *La Dauphine*. John, à toi l'honneur.

---

1. **Des menottes** : bracelets en métal mis aux prisonniers.
2. **Convoité** : synonyme de *désiré*.

L'Anglais est très ému. Il sort deux vieilles clés de sa poche.

— Ces clés sont dans ma famille depuis trois cents ans. Je n'espérais plus m'en servir un jour.

Il prend la première clé et la met dans l'une des serrures. Il prend la seconde et la glisse dans l'autre serrure.

— Les deux clés doivent être tournées exactement en même temps, précise-t-il.

John Davis regarde sa fille. Sa main tremble. Lorsqu'il soulève finalement le couvercle, tout le monde retient son souffle. Au fond du coffre, il y a un magnifique collier. Jane se jette dans les bras de son père. Tout le monde applaudit.

Gaël est le seul à être un peu déçu. Ses rêves d'ancêtre corsaire s'éloignent une fois de plus. Jane s'approche de lui et le serre dans ses bras.

— Merci, Gaël. Sans toi, le coffre serait encore sous l'eau.

— Bon, ça va, dit Loïc un peu jaloux. Maintenant que tout est terminé, on pourrait aller se reposer sur la plage, non ?

Gaël regarde Jane.

— C'est à dire que… Jane et moi, on avait prévu d'étudier nos arbres généalogiques. On a peut-être des ancêtres communs…

— Eh bien, bravo, Gaël ! Tu n'as pas peur de trahir tes ancêtres corsaires en sympathisant avec les Anglais ?

— Tu sais, Loïc, le passé, c'est le passé. Et le présent compte tout autant !

Sophie ne peut pas s'empêcher de rire.

— Si on allait au centre nautique tous les deux ? dit-elle en entraînant Loïc. Il est temps que les vacances commencent enfin, tu ne trouves pas ?

Compréhension écrite et orale

1 Écoutez attentivement l'enregistrement du chapitre, puis répondez aux questions.

1 Pourquoi la vedette de la gendarmerie poursuit-elle le ferry ?

2 Pourquoi la manœuvre est-elle difficile ?

3 Pourquoi Marco et Pierre se trouvent-il dans la cuisine du ferry ?

4 Comment le coffre à deux serrures s'est-il retrouvé au fond de l'eau ?

5 Qu'espérait trouver Gaël dans le coffre ?

6 Pourquoi Loïc reproche-t-il à Gaël de « trahir ses ancêtres » ?

2 Lisez attentivement le chapitre, puis dites à qui ou à quoi se rapportent les phrases suivantes.

1 Il est énorme.
    a ☐ Le bateau de la police.
    b ☐ Le ferry.
    c ☐ Le phare.

2 Elles sont belles.
    a ☐ Les voitures dont rêve Marco.
    b ☐ Les vagues.
    c ☐ Les crêpes.

3 Il est ému.
    a ☐ John Davis.
    b ☐ Pierre Lemarque.
    c ☐ Gaël.

4 Elles sont vieilles.
    a ☐ Les chaussures de Jane.
    b ☐ Les menottes des gendarmes.
    c ☐ Les clés du coffre.

5 Il est magnifique.
    a ☐ Le coffre.
    b ☐ Le collier.
    c ☐ Surcouf.

3 Lisez attentivement le chapitre, puis trouvez la ou les affirmation(s) fausse(s) pour chaque personnage.

John Davis

a ☐ Il a pris place dans le bateau de la gendarmerie.

b ☐ Il possède les deux clés pour ouvrir le coffre.

c ☐ Il est très ému en ouvrant le coffre.

Marco Canetti

a ☐ Il s'est engagé comme cuisinier sur le ferry.

b ☐ Il rêve de belles maisons.

c ☐ Il a volé le coffre trouvé dans l'épave de *La Dauphine*.

Jane

a ☐ Elle en veut beaucoup à Gaël d'avoir retrouvé le coffre.

b ☐ Elle dit : « À votre santé ! » à l'adresse des deux voleurs.

c ☐ Elle va étudier son arbre généalogique avec Gaël.

Gaël

a ☐ Il est le dernier adolescent à monter sur le ferry.

b ☐ Il pense que le présent est moins important que le passé.

c ☐ Il veut passer la fin de la journée avec Jane.

Enrichissez votre **vocabulaire**

1 Les onomatopées sont des mots qui rappellent le bruit d'une action. Associez chaque onomatopée à la phrase correspondante.

a Beurk !	**c** Tic tac	**e** Waouh !	**g** Ouf !
b Ha ! Ha ! Ha !	**d** Miam-miam	**f** Ouah ! Ouah !	**h** Aïe !

1 ☐ Pierre Lemarque a trop serré les liens de Jane et elle a mal.

2 ☐ Loïc salive rien qu'à l'idée des crêpes de sa tante.

3 ☐ Marco rit en pensant comment Pierre et lui ont réussi leur coup.

4 ☐ Surcouf est heureux que l'histoire se termine bien.

5 ☐ Un squelette de singe dans l'épave ! Ça dégoûte Sophie.

6 ☐ La montre de Gaël fait du bruit.

7 ☐ C'est la réaction de tous en découvrant le collier.

8 ☐ Loïc a failli tomber à l'eau avant de finalement réussir à monter sur le ferry.

2 **Les homophones sont des mots qui s'écrivent différemment mais se prononcent de la même façon. Trouvez les quatre groupes d'homophones qui se cachent derrière ces définitions.**

1   Saint-Malo est au bord de celle-ci. ....
    Il est élu par les citoyens d'une commune. ....
    La tante de Loïc pour Gaël. ....

2   René, le père de Gaël, en a gardé un. ....
    Un gâteau breton que cuisine la mère de Gaël. ....

3   Elle sert à garder les bateaux immobiles. ....
    Elle sert à écrire, dessiner, imprimer. ....

4   Il abrite les bateaux. ....
    Synonyme de *cochon*. ....

Production écrite et orale

DELF **1** Vous êtes journaliste à *Ouest-France*, le grand quotidien des régions ouest de la France. Vous interrogez Gaël sur *L'affaire du coffre englouti*. Imaginez le dialogue, puis écrivez l'article pour le journal.

PROJET **INTERNET**

La généalogie

Rendez-vous sur le site www.blackcat-cideb.com.

Cliquez ensuite sur l'onglet *Students*, puis sur la catégorie *Lire et s'entraîner*. Choisissez enfin votre niveau et le titre du livre pour accéder aux liens du projet Internet.

A Dans la rubrique « Aide », cliquez sur « Premiers pas », puis répondez aux questions.

  ▶ Que signifie le nom du site *Geneanet* ?

  ▶ Combien y-a-t-il de personnes (*références*) dans la base de données du site ?

B Cliquez sur la rubrique « Recherches », puis répondez aux questions.

  ▶ Combien de recherches différentes sont proposées ?

  ▶ Quels renseignements faut-il saisir pour lancer une recherche rapide ?

C Dans la rubrique « Services », cliquez sur « D'où vient mon nom ? », puis répondez aux questions.

  ▶ Entrez votre nom. Obtenez-vous des résultats ?

  ▶ Entrez le nom « Le Goff ». Quelle est son origine ?

D Dans la même rubrique, cliquez sur « GeneaStar », saisissez le nom « Surcouf », puis répondez aux questions.

  ▶ Qu'apprenez-vous sur cet homme ?

  ▶ En cliquant sur « Ascendance », trouvez le nom de ses parents.

  ▶ Combien y a-t-il de personnes dans son arbre généalogique ?

E Cliquez sur la rubrique « Communauté », puis dites à quoi sert cette rubrique.

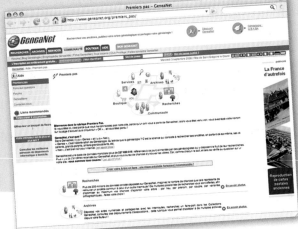

1 Devinez quel personnage se cache derrière chaque affirmation.

1   Son rêve : découvrir qu'il est le descendant d'un capitaine corsaire.
    ....

2   Le bateau que commandait l'ancêtre de cette jeune fille a été
    capturé par un corsaire français. ....

3   Il a été gardien de phare. ....

4   Elle revient avec plaisir à Saint-Malo, la ville où elle a grandi.
    ....

5   Un archéologue italien ? Pas sûr ! ....

6   Son programme préféré pendant les vacances : surf et baignade.
    ....

7   Elle aime poser des questions et cuisiner. ....

8   Si le célèbre corsaire français savait qu'il porte son nom, serait-il
    content ? ....

9   Il a repéré une petite annonce dans *Ouest-France* qui l'intéresse
    particulièrement. ....

2 Complétez les phrases.

1   Quand Gaël a repris ses esprits, il s'est tout de suite inquiété pour
    le ....

2   Les trois cousins sont arrivés devant un .... en suivant
    Surcouf.

3   Trois personnes travaillant sur le chantier de .... logent
    à l'*Hôtel des Marées*.

4   C'est dans une .... que Sophie et Loïc voient Jane Davis
    pour la première fois.

5   Gaël a mis du temps à comprendre que le rendez-vous était dans le
    .... du Grand Jardin.

6   Grâce à Surcouf, les .... peuvent défaire leurs liens.

7   Heureusement que Jane et Gaël sont des as de la ....
    sous-marine.

8   John Davis réussit à ouvrir le coffre à l'aide de deux ....

3 **Répondez aux questions.**

1 Pourquoi Gaël n'est-il pas venu chercher ses cousins à la gare ?

2 Comment Surcouf conduit-il Sophie, Gaël et Loïc jusqu'à l'*Hôtel des Marées* ?

3 Où Sophie et Loïc ont-ils trouvé l'adresse de la crêperie ?

4 Pourquoi John Davis donne-t-il un rendez-vous à Marco et à Pierre ?

5 Comment les voleurs du coffre pensent-ils quitter la France ?

6 Quel lien de parenté unit Gaël et Sophie ?

4 **Cochez la bonne réponse.**

1 Le *kig ar farz* est
   a ☐ un gâteau.
   b ☐ une sorte de crêpe.
   c ☐ un plat de viande.

2 On appelle Saint-Malo la cité
   a ☐ pirate.
   b ☐ corsaire.
   c ☐ engloutie.

3 Un corsaire avait le droit d'attaquer des bateaux ennemis
   a ☐ en temps de paix.
   b ☐ en temps de guerre.
   c ☐ sans lettre de marque.

4 Les feux des phares sont
   a ☐ rouges et clignotants.
   b ☐ différents les uns des autres.
   c ☐ blancs et fixes.

5 Écrivez une phrase sur les personnages suivants (traits de caractère, détails physiques, lien de parenté avec un autre personnage, actions qu'il/elle accomplit, etc.).

1 Gaël : ....

2 Sophie : ....

3 Loïc : ....

4 Jane Davis : ....

5 Pierre Lemarque : ....

6 Marco Canetti : ....

6 Décrivez les dessins, puis remettez-les dans l'ordre chronologique de l'histoire.

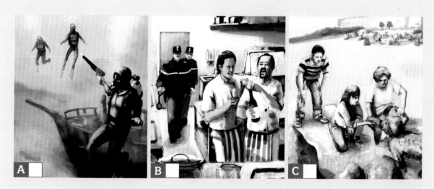

....

....

7 Remplissez la grille de mots croisés à l'aide des définitions.

Horizontalement

1 On le donne, mais on peut aussi le rater ! (*sigle*)

3 Crier pour un chien.

6 La région de Saint-Malo.

8 Celles d'un journal sont petites.

12 Chercher avec grand soin.

13 On les trouve en enfer mais aussi au paradis.

14 Il peut être *de vache* ou *du pêcheur*.

Verticalement

2 Certains les passent à bronzer.

4 Il reste au port ou part en mer.

5 Il rêve de liberté.

7 Elle dort au fond de la mer.

9 Une fois basse, une fois haute... Tout dépend de la lune !

10 Le fils de ma tante.

11 Sucrée ou salée ?

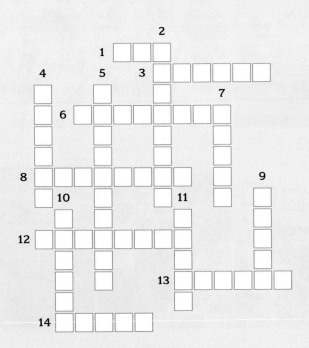